まえがき

私は福岡県で小さな施術院を営んでいます。私の施術院には看板もなく、電話帳にも載せず、ホームページもなく、インターネットにすら一度も情報を載せたことはありません。

新規の患者さんは、すでに通われている患者さんからの紹介でしかお受けせず、通りがかりの方や、飛び込みの方をみることはまずありません。また児童や乳幼児もみていません。

こんな風に人知れずひっそりと営んでいる施術院なのですが、それでも日本全国から、毎月約400人の患者さん方に通ってきていただいています。私が口コミだけでしか患者さんをお受けしない理由は、今通ってくださっている患者さんたちを誠心誠意みるため。重篤な症状の方などは、一定期間集中して通っていただく場合もあるのですが、その際、次の予約を取るために何ヶ月もお待たせするようなことをしたくないので、やむなくこのような制限をかけさせていただいているのです。

それでもこれだけ多くの方々に信頼いただき、わざわざ遠くまで通ってきていただけているのは、私の施術が他に類を見ない、特殊なものだから……。それは、**氣（エナジー）**と**カイロプラクティック**と、**アプライドキネシオロジー（応用運動機能学）**とを融合させ、プラス、霊的な障害の浄化、いわゆる**浄霊**を組み合わせて、**身体と霊魂、両方の治癒を同時に行う**というもの。既存のカイロプラクティックや整体とは全くの別物なのです。

私は独自に編み出したこの施術法に**エナジーヒーリング**と名を付け、今、多くの方たちに使っていただきたいと願っています。なぜならエナジーヒーリングは、自然界からのエナジーを取り入れ、自己治癒力を高めることで身体を根本から改善するというもので、**本来、誰にでもできて副作用もなく、色々な病気や症状の改善が期待できる**という、素晴らしい方法だからです。

この本をお読みいただければ、誰でもエナジーヒーリングの基礎が、たった3日間で、しかも自分一人で習得できます。

もし「自分は鈍いから、エナジーを感じることなんてできないのでは？」と思っている人でも大丈夫！ 本書を実践すれば、かならず誰でもエナジーを取り扱えるようになります。なぜなら、この本の著者であり、今まで何万人もの方たちにエナジーヒーリングを行って成果を出してきた私自身が〝エナジーを感じることができない人間〟だからです。

私は自分がエナジーを感じないからこそ、見えないものを扱う立場だからこそ、車の設計士をしていたときに身につけた「感覚ではなく、目視や数字、データ等で確認する」と言うことを常に頭に置き、エナジーに取り組んできました。

そして、必ずすべてを検証し、その中で効果が確認できたものだけを施術に使うようにしています。もちろん、本書の内容も、すべて検証し、効果に確証を得たことだけに厳選しています。

エナジーはすべての人に標準装備されている素晴らしい力です。その力を呼び覚まし、自在に扱える訓練法を書いたのが本書です。ぜひご自分の生活の中にエナジーヒーリングを取り入れてみてください。きっと、これまでとは全く違う世界が開けてくると思います。

本書では、ご自身やご家族の浄化やヒーリング、身体の痛みを取る方法、食品やアクセサリーの浄化など、すべてのヒーリングが確認と検証をしながら行えるようになっていますので、ぜひ、楽しみながら取り組んでいただければと思います。

この本を手に取っていただいたこと自体が、すでにご自身への癒しが始まっているということ！　エナジーヒーリングとの出会いが、皆様にとって、より健康で、より豊かな生活のスタートとなることをお祈り申し上げます。

岡部公則

3日間で誰でもできる！根源神エナジーヒーリング◎目次

第2部

エナジーヒーリング【基本編】

第3部

エナジーの取り扱い方【応用編】

第4部

日常生活でエナジーを役立ててみよう【実践編】

企画　藤原 忍
カバーデザイン　櫻井 浩（⑥Design）
人物フォト　nori
校正　麦秋アートセンター
モデル　Toshi、Ebi、Koji
本文仮名書体　文麗仮名（キャップス）

第1部

エナジーヒーリングと見えない世界の仕組み

1. エナジーとエナジーヒーリングについて

それでは、この本の主題である、エナジーについてご説明していきたいと思います。この章を読めば、なぜ誰にでもエナジーが扱えるのかがはっきりとお分かりいただけると思います。

◆エナジーが感じられなくても大丈夫な理由

そもそも私が氣（エナジー）の世界を知ったのは30年以上前の、30歳を越えたころでした。当時はサラリーマンで、車（特装車）の設計の仕事をしていました。見えない氣の世界とは真逆の見える世界で、1＋1＝2の絶対的な価値観の中で生きていたわけです。

この頃に参加した「人間形成セミナー」で、氣を使って人の身体を硬直させ、肩と膝の二点を支えるだけで、腹の上に人が乗ってもビクともしないという実験を見ました。この光景を目にしたとき、世の中にはすごい人がいるものだと感心させられました。

その当時、あんな風に氣が使えるようになったらいいなぁ〜！　と憧れるものの、あれは特別な人が特別な訓練を何十年も行った結果できるもので、私のような凡人が一生努力をしたとしても、とてもできるものではないと思っていました。現に今でも、氣の達人と言われる方に手かざしをされても、パワースポットや氣が充満していると言われる場所に行っても、さっぱり私には分かりません。私にはそのような「感じる氣（エナジー）」の世界が分からないのです。

そして、施術家としてエナジーを自分で扱うようになっても、やっぱり私は氣を感じることはありませんでした。

数年前にアメリカ西海岸のサンディエゴで気球に乗る機会があったときの話です。普段の私は極度の高所恐怖症で、２階の窓から下を見るのも怖いくらいです。でもそのときは、自分自身の高所恐怖症にエナジーヒーリングをして乗り込み、お陰で上空から身を乗り出しても怖くありませんでした。

そこに北海道から来られた方が同乗されていたのですが、気球が上空に上がったとき、その方は片手を上げてゴンドラ内をぐるりと一周されていました。「何をしているのですか？」と尋ねたところ「氣がどちらの方角から来ているのか確認しているのです」という返事が返ってきました。そして「海側から来ていますね〜！」と言うのです。私はそんなことは何も感じなかったので、やっぱり世の中にはすごい人がいっぱいいるのだなぁと思ったものです。

しかし、このようにエナジーを感じることのできない私でも、エナジーを扱ってちゃんと人を癒すことができています。それは、エナジーはこの世界に存在するすべての人が当たり前に持っている力（標準装備）だから。

中には「自分だけは特別な力が使えるのだ」などと言う人もいますが、ことエナジーに関しては、見えなくとも、感じなくとも、正しい方法でトレーニングを行えば、誰でも扱えるようになるものなのです。そして、スポーツと同じように、トレーニングを重ねるごとに上達していきます。

エナジーヒーリングを始めるときに、ぜひ一つやっていただきたいことがあります。それは**「私は当たり前にエナジーを扱えるんだ！」**と、信じ込み疑わないということ！　エナジーを扱うのは決して特別なことではないと憶えておいてください。

◆エナジーとエナジーヒーリング

エナジーとは、生きとし生けるものすべてが持つ「生命エネルギー」のことです。他にも「氣」「プラーナ」「宇宙エネルギー」などさまざまな言い方がありますが、大まかにはこれらはすべて同じことを言い表していると思います。

エナジーは、人や動植物、鉱物、気体、液体、有形無形も関係なく、地球上のすべての場所にあり、それ無くしてはどんなモノもこの世に存在することはできません。これは科学でも証明されていることなのです。

例えば私たちの身体を例にとってみます。人間の身体はさまざまな臓器の集まりで構成されていますが、その臓器はこれまたさまざまな細胞の集まりでできています。それぞれの細胞を分解していくと、やがて分子になり、その分子をさらに分解していくと原子になり、原子は陽子と中性子が結びついてできた原子核と、その周りを飛び交っている電子によって構成されています。ここまでは学校の理科の授業で習うことで、どなたでもご存知ですよね。

この原子核を構成する陽子と中性子は、さらに小さな素粒子という物質で構成されているのですが（電子はそれ自体で素粒子です）、この素粒子は「波」と「粒子」という全く異なる性質を併せ持っています。つまり、存在するすべての物質が、波と粒子、両方の性質を有しているということです。

エナジーは波と同質ですから、この世に存在するすべてのものにエナジーが宿っているということは（目に見えなくとも）真理であるということが分かると思います。

そして、スピリチュアルな観点からエナジーを紐解くなら、エナジーはこの宇宙を創造した**「根源神」**の愛によってもたらされていると言えます。なぜならすべては根源神が必要として（愛して）創られ、そのエナジーを与えられたからこそ存在できたのだから。そこに例外は一つもないからです。

赤ちゃんが教えられなくても生まれた瞬間から呼吸ができるように、私たちもこの世に生まれて息を引き取るそのときまで、知らず知らずのうちにエナジーを吸収し続け、使い続け、この活動を休むことは一瞬たりともありません。

誰もが無自覚に使っているこのエナジーを、イメージを駆使して意識的に扱い、自分や人を癒す術が「エナジーヒーリング」なのです。

◆エナジーヒーリングは万能薬

人が病気になるのは、必ずと言ってよいほど、生命エネルギーが弱くなっているか、上手く循環していないときです。

疲れが取れない、どこかスッキリしない、こんな病気の前症状を誰もが感じたことがあると思いますが、エナジーヒーリングができるようになれば、自分で不足分のエナジーを取り込んだり、エナジーの流れを良くしたりして、病気を未然に防ぐことができます。

また、すでに何らかの病気になってしまっている場合でも、生命エネルギーを上げることにより、症状は改善していきます。

私の施術院には、がんや特定疾患を持つ患者さんが多く通われています。しかし、ご自身で諦（あきら）めない限り、がんが治癒したり、余命宣告期間を過ぎても、症状を抑えたまま、普段通りの生活を送ることができている方も数多くおられます。

エナジーヒーリングは自分自身が持つ生命エネルギーを高める方法なので、どんな病気にも対応できる、万能なメソッドと言えるのです。

2．見えない世界の仕組みについて

私は、東京、関西、福岡で、定期的にエナジーヒーリングの講座をしていますが、その講座では、ヒーリングとともにスピリチュアルなことも話しています。それはエナジーを扱うには、目に見えない世界への理解が欠かせないからです。

私はもともと理系で何ごとも理詰めで考えるタイプですので、最初からスピリチュアルなことがらについて盲信していたわけではありません。しかし、施術家として経験を積んでいく間に、痛みの原因や病気の原因は、何も物理的に見えることがらだけで発生するのではないということを日々実感するようになっていきました。

エネルギーを扱う団体の中には「霊的な憑依等は存在しない」とおっしゃるところもありますが、私自身は長年の経験から、霊的な憑依によるものも確かにあると感じています。

また神（ハイヤーセルフや創造主）の存在に関しても、きっとある、いや、なければ説明がつかない、と思うようなことを色々と経験し、段々とスピリチュアルなことを信じていくようになりました。

そう考えるようになったとき、私は施術中に患者さんの身体に起きていることをみるだけでなく、憑依の有無も確認するようになりました。そして、憑依が感じられた場合、それをどのように確認し、どう浄化すればよいかを、研究と実践を繰り返し、その都度、答えを見つけ出してきました。

その研究の成果は明らかで、今まで病院を何件ハシゴしても一向に改善しなかった痛みや病気を抱えた患者さんたちが、私の施術院に来られた途端、アッと言う間に改善してしまった、ということが、ごく当たり前に起こるようになっていったのです。

脅かしたいわけではありませんが、この世界には憑依霊などが存在し、私たちと影響し合っているということは、認めざるを得ない事実と言えると思っています。

◆根源神について

最初にエナジーは「根源神の愛」だと定義しましたが、ここでその「根源神」について、少し説明したいと思います。

根源神とは、この宇宙を創った神様のことです。スピリチュアルの世界では「創造主」「ハイヤーセルフ」「大いなるもの」「真我」、また量子物理学の世界では「ゼロポイント・フィールド」などさまざまな言い方がありますが、すべて同じ存在のことだと思っています。本書では分かりやすいように「根源神」と呼びたいと思います。

根源神とはこの世界を創った存在で、我々は根源神に必要とされ、愛されているからこそ、この世で生きることができています。

私たち一人一人と根源神は根本で強くつながっていて、私たちが何をやっても、やらなくても、変わらず愛し続けてくれるのです。まるで私たちが、子犬や子猫が戯れているのを微笑ましく見ているような感じ、とでも言えば分かりやすいでしょうか。

子犬たちが駆けっこをしていようが、寝ていようが、喧嘩をしていようが、すべてが可愛く、愛しい。自由に遊んで、疲れたら寝て、ただそこにいてくれるだけでよい。きっとそんな風に感じると思います。それと同様に、根源神とはすべての人々に愛と絶対的な自由を与え続けてくれる、とても尊くて有難い存在なのです。

◆根源神と繋がる

この世界、この宇宙の最初の最初は、根源神の意思エネルギーでした。宇宙ができる前にあった、たった一つの存在だったのです。

私たちはその根源神から魂の形で分離し、一人一人が違いを有して存在することになったのです。それゆえ、その魂を宿す私たちの肉体は神様を祀るお宮であり、魂は根源神からの分け御魂とも言えるのです。

根源神と私たちは、本当はいつも繋がっているのですが、魂として分離されたときに、ほとんどの人がそのことを忘れてしまっています。また、エゴや悪念により魂の眩ゆいばかりの輝きが失われてしまっている場合もあります。そのことに自分自身が気づき、魂の輝きを邪魔している悪念やエゴを取り払うことにより、根源神とふたたび強く繋がることができるのです。

最近、パワースポットや神社仏閣巡りが流行っていますが、本来どの人でも、自分の中に最高で最強の神様がいらっしゃるのです。神社を巡ることも大切ですが、自分の中の神様に繋がって、その神様のお宮である自分自身の肉体を大切にして、魂を磨くほうが、よほど願いが叶うようになるのではないでしょうか。**自分の心と身体を整え、感謝して、大切にすることが、すなわち根源神と繋がることなのです。**

◆波動とエナジー

量子物理学的に見れば、この宇宙の成り立ちそのものが波動であり、机もイスも人間の身体も、すべての物質が波動でできていると前述しました。

当然、目に見えない思考や思念やエナジーも目には見えないけれど波動という形でこの世界に存在しています。

波動とは波なので、低い波動は波が大きくて荒く、高い波動ほど波が小さくて細かくなっています。そして波動の性質として、**高い波動は低い波動を抑制する力があり、高い波動ほどエナジーが強く働きます。**

エナジーヒーリングのトレーニングを始めると、自然と自分の波動が高くなっていきます。そうすると、今まで同じ波動で引き合っていた人たちと波動が合わなくなり、自然と疎遠（そえん）になってしまうようなことも起こります。そのかわり、高くなった自分の波動に合う人との出会いがありますので、人間関係が大きく変わってしまう場合があります。

また、引き寄せの法則で、心に強く思ったことが現実化するスピードが速くなります。

◆直感力・嫌な予感がしたときの対処法（5分ルール）

エナジーを自在に扱えるようになると、自然と波動も上がり、直感力も冴えてきます。今まで何となくしか感じられなかった根源神からのメッセージが、ダイレクトに意識に届くようになるからです。

良い直感やポジティブな直感なら、そのまま従うことをおすすめします。結果はすぐに見えなくとも、何かしら良い未来に繋がっているからです。

しかし一方で、嫌な直感が出てくる場合もあります。「何か悪い予感がする」「約束なので行かなければならないのに、なぜか行きたくない」など、今までなら無視できていたような感覚が、前よりも大きく感じ、無視できなくなるようになるのも、エナジーが上がった証拠だと言えます。

こういう嫌な予感も、もちろん根源神からのメッセージですので、従った方が無難にことが収まります。嫌な予感がした場合、回避できることなら回避するのが一番です。しかし仕事や学校など、キャンセルができない約束事の場合、その行動を起こすタイミングを少しずらすことで、起こるべき災難を避けることができます。

例えば家を出る時間を5分早める、または遅らせるだけでも運命が大きく変わります。

私ごとですが、私は17歳のとき、バイクに乗っていて、大きな事故に遭いました。その日の朝、出かけるときにバイクのエンジンを掛けようと思い切りキックをしたときに、ズボンのおしりがほころびてしまいました。このとき、根源神は私にストップをかけてくれていたのに、私は言うことを聞かず、慌てて着替えて出発し、結局、大きな事故に繋がってしまいました。

もしあのとき立ち止まり、ズボンがほころびたことを、「ああ、何かのお知らせかな？」と思い、中止をするか5分程ゆっくりお茶でも飲んでいけば、あのような事故には繋がらなかったのではないかと今では思っています。

しかし、もしこのように嫌な予感がしても、不安になる必要はありません。良い予感も悪い予感も、どちらも根源神からの人生を良くするためのお知らせだからです。**我々は予感を行動に反映させることで、いつでも大難を小難に、もしくは無難に変えていけるのです。**

◆魂の自分が決めてきた、本来の道を歩く行動力の上げ方

大切なのは自分の心が感じることや直感を、ただの気のせいだと無視してしまわないで、大事に受け止めることです。小さな直感を大切にしていけば、やがて自分が生まれてきた本来の目標へと導いてくれるような、大きな直感に繋がっていくからです。

しかし、考えているだけで自分の思い通りになる4次元の世界とは違い、3次元のこの世は、思考を行動に移し、自分で実現させなければなりません。突然、大きな直感が降りてきても、すぐにそれを行動に移せる人は中々いないと思います。そこでまずは日々湧いてくる小さな直感を受け止め、できることから実行に移してみてください。自分の直感や思いを受け止めることは、行動力を上げる訓練にもなるからです。

例えば、嫌だと感じる場所には行かない、もしくは行く時間を少しだけずらして行く。食べたい！　と思うものを食べる、見たい！　と思ったものを見にいくなど、本当に小さいことで、しかも自分が可能だと思う範囲での行動で大丈夫です。こうして自分の感覚を大事に実行していくことで、根源神とのパイプが強くなり、感性も行動

力も勝手に上がっていきます。そしていつか大きな直感が来たときに、躊躇せずに行動に移せる人に、自然となっていきます。

たとえ今、自分が本来生きる道が分からないと感じている人でも、根源神は今のその人にできそうなことを選んで、少しずつメッセージを送ってくれます。直感に従うとは、根源神のメッセージに従うことです。どんなにつまらなく思えることでも、やってみたいと思ったら実行してみるとよいのです。一つ実行したら、また次のメッセージが来て、それを実行したらまた次が来て、という風に、船が航路を少しずつ変えるように、根源神は必ずあなたを本来の道へと導いてくれているのです。

3．見えない世界と見える世界の関わり

では次に、「見えない世界」と、私たち人間の住む「見える世界」がどう関わり、どう作用し合っているのかをご説明していきます。

◆次元について

見えない世界も実は、次元によって分かれていています。次元には色々な説があり、十数次元あると言う人もいれば、7次元だと言う人もいますが、私にはハッキリとは分かりません。

見えない世界の次元も、すべて私たちと同じ空間に存在しています。遠い宇宙のどこかにあるのではなく、私たちのすぐそばにあるのです。

我々人間が住んでいるのは3次元で、死んだ後は4次元（幽界、霊界）に行きます。5次元にはイエス・キリストやお釈迦（しゃか）様のような、解脱（げだつ）した高級霊たちが存在しています。そして一番上の次元には根源神が、意識だけの状態で存在しています。

◆輪廻転生

私たち人間は本来、魂の状態で存在し、そのときそのときで新たな肉体を得て、幾度となく輪廻転生を繰り返して生きています。そして死ねばまたもとの魂である状態に戻り、人生で得た経験の分だけ成長します。

死は終わりではなく、それまで宿っていた身体からの解放で、次の人生への通過点のようなもの。身体は魂の入れ物にすぎませんが魂は常に成長し続け、決して失われることがありません。つまり私たちは永遠の存在なのです。

では、なぜ人は輪廻転生を繰り返すのでしょうか……。

それは、より良い魂に成長し、最終的に輪廻転生から解脱するためです。解脱とは、すべての煩悩や執着から解放されて、真の自由を得ること。人がたどり着ける最高にして最後の境地のことです。

一つの人生を終えて魂の状態に戻った私たちは、その人生の反省をして、十分な時をかけて魂を磨き直していきます。そして転生の準備ができたら、また新たな肉体を得てこの世界に生まれ出ていくのです。

◆魂の成長

人は肉体が死んでから、おおよそ１００～３００年の時をかけて魂を磨き直していきます。そして、生まれ変わる準備ができた魂は、次の人生で成し遂げることを決めます。大まかなプランだけの人もいれば、細かく決めている人もいますが、そこには自分の持っているカルマや、不必要な思念を解消するためのプランが必ず含まれています。

魂は純真で冒険心に満ちていて「今度こそこれを成し遂げるんだ！」という強い意志とやる気を持って、次の人生のプランを決めます。**見えない世界では物事を善悪に分けないので、経験でき得るすべてのことを素晴らしく感じます。**魂は自分のカルマを解消するために、どんな困難なことでも純真な気持ちで挑戦してみようとするのです。

◆なぜ不幸に思えることが起こるのか

根源神はこの世のすべての存在に、無制限の愛と絶対的な自由を与えてくれています。しかし、その愛と自由が我々には計り知れないほどの大きさゆえに、ときに私たちは不平等さを感じ、自分に不幸がもたらされたように感じてしまうのです。

例えば、罪を犯した人が何の罰も受けずに幸せになっている姿を見たら、誰でも腹立たしく感じると思います。また、生死に関わるような怪我や病気をすれば、誰もが自分の不運を嘆くでしょう。真面目に働いているのに家族や親戚など周囲の人のせいでお金に苦労したり、不甲斐ない結婚相手に苦労をかけられたり、極端な例を出せば、戦地に生まれたという理由だけで、自分には何一つ非がないのに命を落とさなければならなかった人もいれば、大富豪の家に生まれ、何不自由なくわがまま放題に生きていける人もいます。

一つ一つに目をやると、「神の愛なんてどこにあるんだ！」と叫びたくなるようなことがこの世には溢れていますが、それでも根源神の愛は、いつでも誰に対しても、平等に注がれているのです。

「なぜそう言い切れるのか？」

それを知るには、根源神と同じ視点に立ってこの世界を見ることが必要になります。それは見える世界（3次元）と見えない世界（4次元以上）の両方の視点から物事を考察することです。

人が現実を不幸に感じるのは、物事を片側（3次元）からしか見ていないためで、反対側（4次元以上）からの視点で「なぜその出来事が起きているか？」を考えてみると、そこには必ず理由があること、もしくは本当は自分で決めた道であったことなどが分かってきます。

あの世とこの世は表裏一体に創られています。この世で不運に思える出来事ほど、あの世の観点から見ると魂の成長とその後の幸せのために欠かせないことだったと分かるようになると思います。

◆親子の縁の繋がり

魂の状態で次に転生する人生のプランが決まったら、次は自分を産み育ててくれる親を探します。あの世（4次元）では魂の成長度合いによって階層が分かれているのですが、まずは自分と同じ階層にいる魂に人生のプランを見せて「私はこんな人生を送る予定です。どうか私の親になってください」と頼んで回るのです。

その階層で親になってくれる人が見つからなければ、一つ下の階層にいる魂にお願いに行きます。そこでも見つからなければ、さらに下の階層にお願いにいき、見つからなければさらに下へ下へと探しにいきます。

お互いの魂の学びのためにも、上の階層の魂に親になってもらうことはできないようになっているのです。

親なら誰しも、自分の子供が苦労している姿など見たくはないものです。ですから、チャレンジが盛りだくさんで、困難な人生を送ろうと思っている人ほど、親になる約束をしてくれる魂を見つけることはとても難しくなります。

こうして考えてみると、「産んでくれと頼んだ覚えはない！」と言いたくなるような親こそが、自分の魂の成長のために犠牲になることを承知で、大変な役を買って出てくれた有難い魂であり、本当は自分の方から頼んで親になってもらった相手だということに気づけると思います。

この世での親子関係は、あの世で子供の方から申込み、それぞれの人生のプランを成し遂げることを誓い合って結ばれるものなのです。

◆真実を分かってほしかった父

私と父親の間にも、長い間、確執（かくしつ）がありました。私の父は大酒飲みで酔うと人が変わったようになり、虐待とも言えるような暴力を、母や私たち兄弟に振るい、家族をとても苦労させた人でした。私は幼いころより、本気でボクサーになりたいと思っていましたが、それは、今思えば父親に対抗し、勝つ手段を得て、いつかねじ伏せてやりたいと思っていたためでした。

私は幼いころから父親を反面教師にし「こんな男にだけはなるものか！」という強い思いで今までの人生を歩んできたのですが、父親へのこの強い反抗心がなければ、乗り越えられなかった人生の難関も多々ありました。今の私があるのは父が憎まれ役をしてくれたお陰です。

しかし、本当にそう思えるようになるには長い時間が必要でした。父は25年ほど前に74歳で亡くなったのですが、私がまだ父を許せていなかったころ、父は私の夢の中にたびたび出てきていました。出てきても、ただ私を見つめるだけで何も言わないのですが、まだ父を憎んでいた私は、それさえも疎ましく思っていました。

しかし、スピリチュアルな世界への理解を深めていくうちに、「父は私のためにあえて嫌な役を買ってくれていたのではないか？」と思えるようになり、父の存在に感謝できるようになっていきました。そして父に心から「私の親になってくれて、あえて憎まれ役を買って出てくれて本当にありがとうございます。あなたのお陰で今の私があります」と、感謝の念を送れるまでになったのです。

あの世にいる父の魂に私の思いが届いたのでしょう。それ以降、父が夢に出てくることは一切なくなくなりました。きっと父は、本当は乞われて憎まれ役をやっていたことを、私に気づいてほしくて夢に出てきていたのだと思います。

◆人間関係の悩みを改善するには

人は悩みの中でこそ大きな成長を遂げていきます。いま家族関係や、職場の人、恋人、友人など、人間関係に問題を抱えている方は、まずは相手をそのままを受け入れてみてはいかがでしょうか。

「受け入れる」と言っても、納得できない相手の考えや行動に無理やり賛同し、それを自分の人生に影響させる必要は全くありません。ただ、「この人はこういう人なんだ」と淡々と思うだけです。

「相手がこんな風に変わってくれれば」という思考を挟まず、まずは自分と相手の関係性をありのままに感じてみてください。

そんなことをして何の意味があるのか？　と思うかもしれませんが、視点を変えることで思考が変わり始めます。そして思考が変われば自然と行動が変わり、行動が変われば人生が変わります。そしてカルマの解消と魂の成長へと向かうきっかけになり、関係は必ず良いほうへと変わっていくからです。

◆結婚について

結婚も人生においては大きな縁の一つですが、当然これもあの世で相手を決めてきています。魂の状態で人生のプランを大まかに決めて、今世で結婚で学べることがあるかどうかを考え、結婚をするかしないかを決めるのです。

そして、あの世で結婚することを決めた魂は、相手を探しにいきます。親を探したときと同じ手順で、まずは自分と同じ階層にいる魂に「こんな人生を送ります。結婚相手になりませんか？」と聞いて回ります。

見つからなければ下の階層へ、そこでも見つからなければさらに下の階層へと探しにいきます。親子関係と同様に、お互いの学びとカルマ解消のために、ベストな相手が見つかるまで下の階層へと魂を探しにいくのです。

世間には「なぜこんな素敵な人が、こんな（変な）人を結婚相手に選んだの？」と聞きたくなるような、一見不釣り合いなカップルがいますが、魂の状態でお互いの学びに最適な相手を選んでいるので、どんなカップルもベストカップルと言えるのです。

◆離婚も間違いではない

そして、どんな困難に見舞われても、一人の人と最後まで添い遂げることを決めているカップルもいれば、最初から離婚することを決めてきているカップルもいます。

いずれにせよ一番大事なことは魂の成長です。誰を選んだとしても、二人の間で何があったとしても、すべてが必要な学びで、何も間違いではないということを覚えておいてください。

また、中には当然、「今生は結婚しない」と決めている魂もいます。しかし、あの世で結婚しないと決めてきていているからといって、絶対に結婚しないということもありません。

ただ、あの世で決めたことをこの世で変える人もいますが、その場合、あまり良い結果にはならないようです。

◆迷うときに大事なことは……

結婚や、それ以外のすべての物事にも言えることなのですが、世間の常識や価値観は、想像以上に移ろいやすいものです。もし何か悩んでいることがあるときは、ステータスや周りの意見、損得にとらわれ過ぎず、ご自分を守護している神（一般的に守護霊や守護神と言われる方々で、根源神とはまた別の、個人個人をサポートしてくれる高次元の存在です）の指示を聞くことが非常に大事になってきます。

現代人は忙しすぎて、現実世界のみに意識を向け、見えない世界を感じる余裕が非常に少なくなっています。色々な出来事やニュースの中に、守護神からの自分へのメッセージが隠されています。そのことに気づくように感性を鍛え、守護神の指示をすばやくキャッチすることで、最良の決断ができるようになります。

◆人生に不公平がない理由

カルマの解消や魂の成長のためには、前世で自分がされたことを、今世では自分がやってみるということがよく行われます。逆の立場にならないと、相手の本当の気持ちが分からないからです。

例えば、今世で結婚相手に浮気をされた人がいるとしましょう。この人があの世に戻ると、「パートナーに裏切られる気持ちはもう十分理解できた。来世では裏切る方の気持ちが学びたい！」と思うようになります。

また、裏切った方の魂も、「浮気する気持ちは分かったから、今度は浮気される側を経験してみたい」と思い、生まれ変わってまた結婚し、今度は浮気する側とされる側の役割を変えてカルマの解消と魂の成長を目指す、ということが起こります。

この世の視点だけで考えると「浮気をする方が悪い！」となりがちですが、輪廻転生の長い視点でとらえてみると、どちらが悪いとも言えないことが分かると思います。

◆解消されたカルマ

このように、人生における役割の変換は、浮気に限らず、すべての物事に言えることです。例えば犯罪に関しても、法が今とは違う昔の時代では、人を殺めたり殺められたり、盗んだり盗まれたりする経験をした魂は、今よりももっと多かったと思います。

誰しもが、教えられるわけでもないのに生まれつきの倫理観を備えていますが、それはこれまでの転生で解消したカルマの影響のお陰なのです。本能的にこれはしてはいけないと感じていることや、全く興味が湧かないことなどがあれば、それはそのことに対するカルマが解消されていると言えます。

人が十分にやり尽くしたと感じる物事には興味をなくし、次の新しい興味が湧いたことに夢中になるのと同じことなのです。

◆執着とカルマ

逆に、手に入らないと分かっていても、どうしても執着してしまうことや、なぜか「やらなければならない」と感じてしまうことがあれば、今世でのカルマの解消と魂の成長に繋がっていることであると言えます。

夢や希望を努力して叶えることも大事ですが、ときに、その執着してしまう物事を諦めることが、今世でのカルマの解消と魂の成長に繋がる場合もあります。

誰しもが輪廻転生で何度も生まれ変わり、色々な経験をしていきます。たとえ今世で思いどおりにならないことがあったとしても、夢や希望に向かって最大限の努力をするという経験が大事なのであって、本当は結果はどうでもよいことなのかも知れません。

◆病気は神様がくれた人生のターニングポイント

がんや特定疾患など、命に関わる病気にかかってしまったときや、事故や怪我などで身体が不自由になったときなど、「なぜ自分にこんな悲惨なことが起こるのだろう？」と、人生を悲観したくなると思います。

しかし、病気や怪我は魂にとって悪いことではありません。実は、神様がくれた「人生を見直す絶好のチャンス」なのです。

先にも述べましたが、人は誰しもカルマの解消と魂の成長のために、輪廻転生を繰り返しています。しかし、なかなか解脱に至らないのは、自己を省（かえり）みることなく、目の前に繰り広げられている現実に翻弄されて生きているからです。

特に、現代は情報に溢れ、それを取り込むだけで日々の生活が一杯一杯になり、色々なことを感じる暇もありません。現実にきちんと向き合い、自分のため、家族のため、人のために人生を良くしようと頑張っている人ほど、その傾向が強いと思います。

こんな風に自分の時間が取れないままでいると、本来進むべき自分の道を思い出すこともできません。この激動の時代に生まれてきた真の目的や、魂のときに決めてきた約束事、カルマの解消や魂の成長などを感じること、守護霊や守護神の指示を知ることができなくなってしまうのです。

しかし、それでは今世に転生し、今の人生を生きている意味がなくなってしまいます。だからこそ神様が、自分の時間を取りなさい、自分の生きる目的を思い出しなさいと、病気にすることによって、強制的に休憩の時間を与えているのです。

病気や怪我が人生の転機になり、そこから180度違う人生を送る人は多くいます。かく言う私も、特装車の設計士から現在のカイロプラクティックやエナジーヒーリングを行う施術家の道への転身は、病気になったことがきっかけでした（「4．私の生い立ち」の章をご参照ください）。

人生で起こるすべてのことは、必要があって起っています。起こってしまったこと、全部が必要で必然だったのです。「過去はすべて善」なのです。

◆克服ではなく、受容する

しかし、今、実際に大病で苦しんでいる方に、「その病気は神様からの贈り物です」と言っても、とても受け入れられるものではありません。辛い病気を克服することは、精神的にも肉体的にも極めて困難なプロセスです。私も自分の体験から、その大変さがよく分かります。

私の施術院には全国各地から、がんや特定疾患など重篤な患者さんがたくさん通ってこられていると言いましたが、ご本人が諦めない限り、病気が快復（かいふく）する方、もしくは病気を抱えながらも、普通の生活が送れている方、がんで余命宣告を受けながら、それを遥かに超える年月を良好な状態で過ごしている方などがたくさんいらっしゃいます。

そういう方々に共通して言えることの一つとして、「病気であるご自身を受け入れている」ということがあります。そう、病気とは克服するものではなく、受容し、ともに生きるものなのかもしれません。

もちろん病気になったばかりのころは、怒りを感じたり、嘆いたりすると思いますが、最初はそれでよいのです。しかし時間が経ち、少し冷静になって病気のことを考えられるようになったら、病気になった自分を、病気ごと受け入れてみてください。

病気になったことに良い悪いの判断を入れず、ただ「自分はこんな病気になったんだ」と思うだけです。それで十分に病気を受け入れた、受容したことになります。そしてこれが快方へと向かう第一歩なのです。

この世のすべてのことは意味があって起こっています。病気になることは、魂のときに自分で決めてきたことなのかもしれませんし、いそがしさやストレスなどで自分を追い込んでしまったせいかもしれません。いずれにせよ、自分自身が原因で起こっていることには変わりないのです。

しかし、それを責める必要は全くありません。「過去はすべて善」と言いましたが、自分が今までやってきたことが病気という形で現れたのなら、それまでの自分を、病気になった自分ごと抱きしめ、認めてあげてください。「今まで無理させてごめんね」「辛い思いをさせてごめんね」と自分を労わってあげてください。

病気は克服しようとするから、なくそうとするから辛くなるのです。それは、今まで生きてきた自分とその過去を否定し、闘ってなくそうとする行為と同じです。自分で自分をなくそうとするなんて、無理だとは思いませんか？

病気の改善は、まず受け入れることから始まります。受け入れた上で、今、何ができるのか？　どんな治療が最善なのか？　などを前向きに考えられたとき、必ず良い方へと変わり始めるのです。

◆生まれながらの病気や障害

生まれながらに大きな病気を患(わずら)っていたり、障害を持って生まれたりする方もいらっしゃいますが、そういう方々はカルマの清算と魂の成長のために、あえてその状態を選んで生まれてきているのかもしれません。

清算したいカルマによって症状はそれぞれですが、背負ったものが大きければ大きいほど、より大きなカルマの清算と魂の成長を試みている、勇猛果敢な魂だと言えます。

生まれながらに病気や障害を背負っている人を家族に持つ人は、何もしてあげられない自分の無力さを責めてしまうでしょう。また、その人が可哀想だと哀れみの気持ちを持ってしまうかもしれません。しかし、神様の視点でその人の魂を見ることができるならば、その魂が本当は勇気ある、尊いものであることに気づけると思います。

こういう人たちに必要なのは、同情や哀れみではありません。もちろん、必要な治療や支援は個々にあると思います。しかし、過酷な状態をあえて選んで生まれてきた、勇気ある魂であることを忘れずに接してほしいと思います。

また、親や家族も、あの世でそれを了解して家族になったのですから、そのことによりカルマの解消と魂の成長が起こることになるのです。

4．私の生い立ち

私は1954年8月、九州の筑豊（ちくほう）炭田（飯塚、田川（たがわ）、直方（のおがた））の炭坑の六軒長屋で、三兄妹の末っ子として産声を上げました。

当時の筑豊は石炭の採掘がまだ盛んなころでした。私の街では、日本全国から集まった何千人もの人たちが大集落を作り、肩を寄せ合うように生活をともにしていました。五木寛之のベストセラー『青春の門』そのままの世界です。

「石を投げればヤクザに当たる」と言われるようなご近所さんたちに囲まれて幼少時代を過ごした私は、気性が荒くて喧嘩っ早い大人たちをたくさん見てきたせいでしょうか、身体は小さくても、負けん気の強さでは右に出る者がおらず、「手のつけられないやんちゃ坊主」と、近所では有名でした。

自分より歳が上だろうと、身体が大きかろうと関係なく、自分がこうと思ったことは身体を張ってでも押し通し、悪知恵もかなり働く方でした。幼いころからすでに「喧嘩は身体の大きさや腕力には関係なく、根性の悪いヤツが勝つ！」という、いっぱしの哲学を持った、ワンパク少年だったのです。

格闘技が好きで、中学生になるころにはボクサーに憧れ、プロボクサーになりたい！　と思うようになりました。しかし当時は近くにボクシングジムなどありませんでしたので、友達と我流で空手の練習をして、瓦（かわら）が何枚割れると自慢して、勉強そっちのけで、喧嘩が強くなること、身体を鍛えることに夢中な日々を送っていました。

高校受験をするころになってもその思いは変わらず、ボクシング部とレスリング部のある私立高校を目指しました。しかし、当然親は学費の安い公立に入れと言います。

そこで私は、いつものように悪知恵を働かせ、名目上は滑り止めとして受けたその私立高校に入るために、絶対に受からないような難関の公立高校をわざと受験することにしました。

自慢にはなりませんが、私は小学校中学校を通して真剣に勉強したことなど一切ありません。親の手前、公立高校受験前の１ヶ月間だけでも勉強しとかないと！　と思い、そのときだけ真剣に勉強したのです（両親は私が本気になったと喜んでいましたが……！）。しかし、不運なことになぜかその公立高校に受かってしまったのです。

そして、入学してすぐに受けた実力考査でも、学年で約３００人中11位になり、「なんだ！　俺って頭いいじゃん！　やればできるじゃん！」とバカな思い込みをし、その後はやればできるということで、全く勉強をしなくなりました。

宿題やレポート提出はすべてクラスメートにやらせ、自分はパチンコ三昧（時効成立）。１年生の夏休みには無免許でバイクを乗り回して捕まり停学処分。出席日数は学校よりパチンコ屋の方が多いという、完全な不良学生でした。そんな状態なので、当然、成績は下降の一途をたどり、卒業するころは気がつけば学年で下からベスト５

に入っていました。

そんな滅茶苦茶な日々を送っていた高校2年生の12月、学校をサボってバイクで遊んでいたとき、大きな事故を起こしてしまいました。

急に横から出てきたバイクに衝突し、一気に数メートル先の地面に吹っ飛ばされたのです。当時はヘルメットをかぶる規則もなかったので、地面に頭を強くぶつけて重傷を負い、生死の間をさまよいました。

幸いなことに命は取り留め、頭痛と頸椎損傷の後遺症は残りましたが、本当なら死んでいてもおかしくないような事故を生き延びたことで、「ひょっとすると自分は見えない存在に守られているのではないか」と思うようになりました。それからは毎日自然と、神様とご先祖様に自分が無事でいられることを感謝するようになったのです。

思い返せばこの事故は、私がスピリチュアルなことに関心を持ち始めたきっかけとなりました。

それから何とか無事に高校を卒業し（無理やり追い出されたと表現した方が当たっているかも？）、紆余曲折がありながらも、車（特装車）の設計士となりました。

希望の仕事に就き、幸せな結婚もして、とても充実した日々を送っていました。しかし、設計士として働き出して12年が経ったころ、仕事がマンネリ化してしまい、自分にはもっと別にやるべき仕事があるのではないかと考えるようになったのです。

そして、全くの畑違いである、プラントの設計会社に転職しました。プラントについて何の知識も経験もない私が、1年もするといきなり現場責任者として、日本各地のプラントを転々とすることになりました。プラントの建設現場で働く数百人の作業員をまとめ上げ、一つの大きなプラントを造りあげていくのですが、そのストレスは相当なものでした。

しかも私が担当するのは、なぜかいつも、問題が起こって建設が滞っている現場ばかり。何とか問題を解決し、現場が上手く回り出すと、また次の問題のある現場責任者になるということが続き、家にも帰れず、息をつく暇もない日々でした。

設計で入ったのになぜ現場の責任者？　と思いつつも、そんな状態で7年ほど経ったころ、自分でも気づかないうちに溜め続けていたストレスのせいで眠れなくなり、その疲れを残したまま、また激務に戻るという毎日が続き、とうとう病に倒れてしままったのです。

ストレス解消と不眠解消のために深酒をして内臓疾患になり、精神的にもダメージを負い、おそらく鬱病の状態にもなっていたのだと思います。体重の急激な減少と不眠で、病院に駆け込んだときには、血圧は２００近くあり、肝臓もコレステロール値も異常を示していました。そして、そのまま長期の入院生活を送る羽目になってしまいました。

そうなってしまっても、私は最初、自分が病気になってしまったことが信じられませんでした。「天職だと思っていた仕事を頑張っていただけなのに、なぜこんなことになってしまったのか？」「今までの自分は間違っていたのだろうか？」など、悶々と考える日々が続きました。

しかしあるとき、ふと、もしかしたらこれは神様が、「お前はこのまま今の仕事を続けていたら、生まれてきた意味を理解できないぞ！」と、病気になることでそれを教えてくれたのではないかと思うようになったのです。それは、それまでひたすら見える世界を突っ走っていた私に降りた天啓でした。

それから私は、この病気が自分の人生の転機になるととらえ、それを活かして今からどんな人生を送るべきかを考えるようになりました。病気になった自分を受け入れ、そのままの自分で前に進む決意をしたのです。

幸い入院中は時間がたっぷりあります。「自分は何をするために生まれてきたのか？」「自分が進むべき道は何なのか？」それを自分自身と神様に日々問いかけるようになりました。

私がこれ以降の人生を「自分の使命」のために生きる決意をすると、またしても天啓と言えるような出来事が起こり、それに導かれるように、今の施術の道に就くことになったのです。

振り返ってみると、良いことも悪いことも、人生で起こるすべてのことが、今の道にたどり着くための必然だったと改めて感じます。

幼いころから負けん気が強く、とんでもない悪ガキだった私は、周りにヤクザ者が多い環境だったこともあり、同級生の中には刺されて亡くなった友や、ヤクザの出入りで殺人を犯した知り合いもいました。私も、もしかしたら裏街道の人生を歩んでいたかもしれません。

しかし、大酒飲みで飲むとトラになる父親がいてくれたお陰で、虐(しいた)げられる側の気持ちが分かり、また、父の暴力に耐え忍ぶ母の後ろ姿が目に焼きついていて、それが道を踏み外すことなく人生を歩んでこられた、最大の要因になりました。

若いころに格闘技に夢中になったことは、施術家として多くのスポーツ選手のケアに携わる際にとても役立っています。そして、無茶をして大きな事故を起こしてしまったことが、スピリチュアルの世界への扉を開くきっかけとなってくれました。私が学生時代に勉強せずに遊んでばかりだったことでさえ、今や、勉強嫌いのお子さんを持つ親御さんたちの慰めになっています。

魂の視点から見ますと、一見、不幸に思える悪いことも、後には良いことに繋がっていたと分かります。人生には無駄な出来事など何一つないのだと痛感しています。

5．エナジーヒーリングの不思議なお話

さて、ここまでは人生で起こることの大半は魂のときに決めてきており、それが、どのように決められてきたのか、という話をしてきました。

次は、なぜこのようなことを私が信じるに至ったかを、施術院での不思議体験を交えながら、ご説明していきます。ちょっと信じられないような話もありますが、すべて本当に起こったことです。

◆エナジーを感じない私が、エナジーを確認する「魂との会話」

私はエナジーヒーリングを仕事にしながらも、エナジーを感じることができないと前述しましたが、ではそんな私が、見えもしない、触れもしないエナジーというものをどうやって確認しているのかといえば、それは筋力検査で確認することと、ヒーリ

ングを受けている人の魂と会話をすることで確認するという、ダブルチェックによってです。

「魂との会話」などと言うと、スピリチュアル的すぎて信じ難く思われるかもしれませんが、これは本書のトレーニングの章でも紹介している「筋力検査」をもっと進化させたものです。

私の場合は患者さんの足の長さの変化を使って検査をします。普通の筋力検査と同様に、「ＹＥＳ」か「ＮＯ」で答えられる明瞭な質問を、声に出さずに心の中でするのです。

声に出さないので当然患者さんには、私が何を質問しているのか分かりません。しかし、私が質問をしたら、患者さんの足が、その長さを少し変えることで答えてくれるのです。

私がスピリチュアルなことを段々と信じざるを得なくなった経緯に、この「魂との会話」で明らかになっていった、信じがたい事実がたくさんあります。

次にその逸話を少しだけご紹介いたします。

◆宇宙から降ってくる槍

あるとき、原因不明の腰痛を訴える女性が施術院にやってきました。普通に道を歩いていたら、何の前触れもなく、突然、強烈な痛みに襲われてしまったそうです。病院に行っても原因が分からず、ほとほと困っているということでした。

治癒には痛みの原因を正しく知ることが大切なので、普通はまず、痛む部分を触ってみたり、患者さんに質問したりすることで痛みの原因を探ります。しかしこの方は、ご本人に全く心当たりがありませんので、こういう場合は魂との会話がとても有効になってきます。

私は早速、この方の魂にあれこれ質問をしてみました。しかし、困ったことに答えらしいことが何も出てきません。地球上で起こり得るあらゆることを聞いてもそれらしい原因が出てこず、ふと思いつきで「宇宙？」と聞くと「Ｙｅｓ」と出たのです。

でも、宇宙の何なのかが分からずに質問を続けていくと、最終的になんと「宇宙から飛来した槍」が刺さっているのと出たのです。

私がイメージを使ってその槍を引き抜くと、一気に腰が楽になったようで、その方は喜んで帰っていかれました。魂との会話がこんなにも効果があるのかと我ながらびっくりするのと同時に、「宇宙から飛来した槍」という事例が信じられない気持ちでした。

しかしその後、この方以外にも、原因不明の突然の痛みで来られた患者さんのうちの何人かにも、「宇宙から飛来した槍」が刺さっていた人がいたのです。どの人の魂に聞いても、宇宙から飛来した槍である、と答えることから、そんなこともあるのだと信じざるを得なくなりました。

◆時間も空間もない

ある女性の患者さんの施術をしていたときのことです。「他県に住んでいる自分の兄は、背骨が曲がっているから、いつか先生にみてほしい」と言われました。

私は、「じゃあ、お兄さんの身体をあなたに移してみてみましょうか？」と閃き(ひらめき)で言い、自分でも半信半疑で転写するように念じてみたところ、みるみるその女性の背骨が歪み始めたのです。

驚きながらその女性に歪み具合を確認すると、それは兄の背中の様子と同じだと言われました。その歪みの原因を癒してお兄さんの元に返したら、幸いなことに、女性は自分の背骨に戻り、後日お兄さんに連絡すると今までの違和感がないと言われたとのことでした。

またあるとき、別の患者さんの話なのですが、「施術に来たときには痛みがなくなったが、何日か前、痛みで寝れないような腹痛が起こったので、その原因を見つけてほしい」と言われました。

過去にあった痛みの原因を探すのは、そう易々とできることではありません。そこでまた思いつきで、「その（数日前の）痛みを再現して」と念じてみたら、なんと、その場で腹部に触ると痛みを訴えるようになったのです。

このときに、この世には時間も空間も本当は存在しないのではないかと思ったのでした。

※現在、転写を使用した施術は、色々な危険がともなうために使用していません。

◆空中施術

これも面白い施術方法だと思うのですが、私は、関節をイメージで空中に取り出し施術して、また体内に戻す、というやり方をします。

筋肉は直接触ることができますが、骨や関節は筋肉の奥にあり、手が届きません。そこで、私のイメージで患者さんの歪んでいる骨や関節をスッと抜き出し、空中で歪みを整える施術をして、また戻すという、切らない外科手術のような方法を行うのです。

信じられないかもしれませんが、これで痛みが軽減し関節の可動域が改善されるのです。

エナジーヒーリングの講座では、初級講座の終了時点で、受講生全員がこれができるようになるのですが、皆さんとても驚かれています。

根源神からのエナジーが使えるようになると、自分では想像もできないような不思議なことがたくさん起こってきます。

◆誰にでも霊障はある

人は誰でも、高い確率で霊に取り憑かれている、と言ったらびっくりするでしょうか？　しかし本当のことなのです。これも、魂との会話で分かるようになりました。

私は毎年約4000〜5000人、今まで10万人近くの人をみてきましたが、皆さん、大なり小なり必ず何かしらの霊が憑いていました。

浮遊霊とは、自分が死んだことを理解できず、またはこの世に未練を残して3次元に留まったまま、さまよっている霊のことですが、こういった霊たちは、我々のすぐ近くにいます。取り憑こうとして取り憑いているわけではないと思いますが、我々が海で溺れているようなもので、波動が合うとワラをもつかむ思いで抱きついてきます。

霊障とは、こういった霊に取り憑かれ、生体のエネルギーとは全く逆のエネルギーが身体に入ることにより、身体や精神に支障をきたすことをいうのですが、霊は本当に簡単に人間に取り憑いてきます。

大きな雲がたくさんの雨粒を抱えてすぐそこにあるように、霊たちは我々のすぐそばにいて、波動の合う人を待ち構えています。そしてもし我々が波動を合わせてしまえば、いとも簡単に取り憑いてきます。

例えば、少しでもネガティブなことを考えようものなら、即座にその思考をキャッチし、取り憑いてくるのです。その他にも、嫌なニュースを見たり、嫌なことを見たり、言われたりして暗い気分になると、霊はすぐに寄ってきます。そして、さらにネガティブな方へと引っ張っていくのです。これが積もり積もると、霊障へと発展し、身体や心の具合が悪くなっていきます。

◆ネガティブ思考はキャンセル宣言！

一度憑いてしまった霊は、そう易々と自分で取れるものではありません。しかし、何が起こっても、一瞬たりともネガティブなことを考えないなど、お釈迦様でもない限り不可能です。では、一体、どうしたらよいのでしょうか……。

それには、**ネガティブなことを考えてしまったら、即キャンセルするのです！** 例えば、会社の上司に嫌味を言われ、腹が立って「お前なんかぶん殴ってやる！」と思ってしまったとします。

思ってしまったことは仕方がないので、それはそのままで大丈夫です。ただその直後、「あっ！」とネガティブ思考に気づいたら「今の思いはキャンセルします！」と心の中で念じるのです。それだけでネガティブな思考を出したことがキャンセルされ、悪い波動が自分に返ってくることもなくなります。

一度、激しく感情を出したお陰でスッキリするので、ネガティブなことを考えてしまったときは、ぜひ試してみてください。

◆入った邪氣は出せばよい

ここまで明確なネガティブではなくとも、何となく嫌な気持ち、暗い気持ちになってしまうことがありますが、その場合は、エナジーヒーリングのトレーニングの箇所でご紹介する、「邪氣排出法」という身体に入った邪氣を出す方法がありますので、それをするとよいと思います。

邪氣を出し、その後でエナジーを入れると身体の中がとてもスッキリします。

私は霊から狙われやすいのですが、起きているときは小まめに自分で浄化するようにしています。

◆神様は無口

このように、施術で毎日不思議な体験をしている私は、スピリチュアルな世界での明確な確証や再現性がほしくて、これまで、色々な勉強をしてきました。

チャネラーやエネルギーワーカー、ヒーラーや中国の気功の達人、代替治療の権威などの人たちのやり方を数多く見てきました。中には、一体どこの誰に繋がっているんだろう？　と疑問を持たずにいられないような方も見たことがあります。

基本的に**根源神は言葉を話されません**。なぜかというと、それは私たちに絶対的な自由を与えているからです。

あの世で決めてきた人生の設計図通りに生きるのも、生きないのも、すべて私たちの自由。根源神がそれを強要することは絶対にありません。なぜなら迷いも失敗も、プロセスすべてがその人の学びだと知っているからです。

もちろん、道から逸れそうになったときは、根源神がちゃんと守護霊や守護神を使って声なき声で教えてくれます。しかし、それは小さな閃きのようなもの。例えばテレビを点けて最初に飛び込んできた言葉や、何気なく見た看板に書いてあった文や、すれ違う人から偶然聞こえてきた言葉などで、シンクロニシティーと言われるものです。

根源神はいつも気づきを与えるだけで、こうしなさい、ああしなさいとは言わないのです。

◆悪霊とその仕業

根源神とは違いよく喋るのが悪霊です。自ら神であると名乗るような者は、大体が良くない存在だと思います。

もし悪霊と分からずに、お尋ねごとをしたりお願いごとをしたりしても、叶えられることがあります。悪霊も力を持っていますので、近未来的な予言や願いも叶えてくれます。

しかし、必ずと言ってよいほど、代償を取られると思ってください。しかも、その人にとって一番大切なものを、情け容赦なく奪っていくのです。

　今まで色々なヒーラーと呼ばれる人たちを見てきましたが、最初は皆、高次元の神と繋がり、世のため、人のために頑張っている人がほとんどでした。

　しかし、自分の力を過信し、欲やエゴにまみれて尊大になってしまうと、繋がっているところが段々と落ちていき、下級霊に取り憑かれてしまいます。それに気づかず、最後にはとんでもなく大きな代償を支払う羽目になってしまった人もいました。

　私自身、そうならないように常に精進（しょうじん）し、気をつけています。見えない世界のことは証明するのが難しく、悪用する人もたくさんいます。安易に色々なものに飛びつくと、高い代償を支払うこともあるということを忘れないでください。本物を見抜く力も必要なのです。

◆人生とは苦しみを楽しむ場所

　さて、根源神の視点からこの世（3次元）を見てみることで、本当はみんな分け御魂として繋がっていて、誰もが見守られながら素晴らしい人生を送っているということが、少しでもお分りいただけたでしょうか？

でも、それにしても、人生はあまりに辛く、苦しいものですね。でも、考えてみればそれは当然のことなのです。

しかし、辛くて辛くてどうしようもないときに「どんな苦しさでも自分が魂のときに決めてきたことなので、必ず乗り越えられるし、それが自分を成長させることになる」なんてことを言われても、余計に苦しくなってしまうのではないかと思います。

そこで、スピリチュアルな話の最後に、もう一つ違う面からの辛さの乗り越え方をお伝えしてみようと思います。どうしても前向きになれないときなどに、思い出していただければと思います。

どんなに幸せそうに見える人でも、必ず何かしらの困難を抱え、それでも懸命に日々を生きています。

抱えている苦悩は人それぞれ違いますが、それは、それぞれの魂の成長度合によって決められています。誰しも自分の悩みが一番辛くて一番大変だと思ってしまいがちですが、どんな悩みでもその苦悩の深さは同じ。みんな、それぞれにとっての一番の苦しみを抱えて生きています。

どうしても苦しさから逃れられないときというのは、自分を信じる力を失っているときです。抱えている問題を自分では絶対に解決できないと思い込み、無力感にとらわれてしまったとき、人は絶望を感じます。

自分に力が取り戻せればすぐにでも絶望から抜け出せるのですが、目に見える現実に重きを置き過ぎると、周囲の意見に振り回されたり、人と自分とを比較して憂鬱になったりして、自信を取り戻すことが困難になります。そんなとき、こんな風に考えてみてください。

人生は苦しくて当たり前。なぜなら、その苦しさを味わうため、大変さを楽しむために、私はわざわざ生まれ変わったのだから！と。

魂の世界である４次元は「想念の世界」と言われ、考えたことが一瞬にしてその通りになる世界です。ちょっと想像してみてください。あなたが「山の頂上に登って、景色を見てみたい」と思ったとします。するとそう思った瞬間にあなたは山の頂上に立っている、そんな世界です。

これが食べたい、と思うと、すぐにそれが目の前に現れます。あれをしたい、これをしたい、どんな思いでもすぐに叶っていきます。最初は夢のようだと思うかもしれません。でもそのうちに必ず飽きてきます。小さいころ楽しかった本が、成長とともに物足りなくなるのと同じです。

人はもっと高度なこと、もっと複雑なことを求めます。そう、人には成長が何よりの喜びだからです。

エレベーターで簡単に行ける高層ビルの屋上の景色も綺麗ですが、苦労して登った山の頂上から見る景色の方が心を打つのは、そこに困難を乗り越えて到達したからこそ得られる達成感があるからです。

何かを努力して得た結果は、それが成功に終わろうと、失敗に終わろうと、振り返ってみると自分の中ではかけがえのない素晴らしい体験になるでしょう。それは、本来の私たちは、物事の結果ではなく、その過程を楽しむために生まれてきているからです。

魂はなんでも思い通りになる4次元の世界で、次はどんな成長をしようか？　と真剣に考えます。そして、少しでも大きく成長するためにと、自分が乗り越えられるかどうか、ギリギリの大きさの苦難を選ぶ人も多くいます。それは「私なら乗り越えられるはず！」という、自分への信頼に他なりません。そう、魂の自分は誰よりもあなたのことを信じて、この世に送り出してくれているのです。

そして、現実の自分は辛いけれども、**魂の自分は、乗り越えられるかどうかも分からないような大きな困難に出会ったことに、必ず喜びを感じています。それは、乗り越えるかどうかが問題なのではなく、その困難を経験することが目的だからです。**

だから、「これが私がわざわざこの世に生まれてまで体験したかった（楽しみたかった）苦労かぁ」と、笑い飛ばすくらいでよいのかもしれませんね。

◆すべては自分が望んで創った世界

スピリチュアルの世界では、「受け入れる」ことが大事だと何度も書きました。現実の世界で起こっている良い（と思える）ことも、悪い（と思える）ことも、自分の裁量で善悪を決めつけず、まずはそのまま受け入れる、これが状況を変えていく一番の方法です。

それは、受け入れることですべては自分が望んで創った世界だと気づくことができるからです。

気づくことで余計な力が抜けて、根源神との繋がりが強化されます。そして強力なサポートが入り始め、事態が好転するなど、魂の自分が意図した本来の方向へと物事が進んでいくのです。

このように「すべてを受け入れる」ことは、本当は心の持ち方だけで変えていくことができます。しかし、自分の思考を常にコントロールするということが難しいからこそ、誰もが人生に辛さを抱えているのだと思います。

しかし、エナジーを扱うトレーニングをしたり、エナジーヒーリングを習得したりすることは、心を自然にポジティブな方向へと向けてくれます。たとえネガティブな方に気持ちが傾いているときでも、頭を空っぽにしてエナジーを取り入れるトレーニングをするだけで、身体も心も勝手に整っていくのです。

エナジーを取り入れ、根源神と強く繋がり続けることで、すべての人が最高最善の人生を歩めること。これが私の一番の願いです。

6. 施術の体験談

ここで、施術院で実際にエナジーヒーリングを受けた患者さんたちが寄せてくれた体験談を、いくつかご紹介しましょう（※年齢は寄稿当時）。

◆凡人だった私がエナジーヒーリングと出会って大腸がんを克服！

【福岡県飯塚市　51歳女性・Tさん】

●突然のがん宣告……一念発起で治療をスタート

「がんが消えた」。健康関連の雑誌でよく目にする言葉です。

そんな不思議な出来事が私の身に起こったのは、忘れもしない2014年5月22日のことでした。この体験を病と闘っている方々にお伝えし、お役に立つことができればと、稚拙な文でお恥ずかしいのですがご紹介させていただくことにしました。

以前から体調不良により、岡部先生のところに通っていたものの、前の年の10月ごろから仕事のトラブル等で施術院に来られなかった私は、その半年間の不安を掻き消すかのように、2014年の3月末から週に2、3回のペースで施術を再開しました。その矢先、4月の初め、CT、MRI、エコー等の検査で悪性腫瘍らしきものが見つかり、5月9日にはPET検査まで受けることとなりました。

結果は3名の医師から同じ意見。大腸にかなりの大きさの悪性腫瘍、その大きさから判断して、胃の方まで広がっているだろうということでした。

ショックで目の前が真っ暗になり、付き添ってくれた友人の言葉も聞き取れないほど動揺し、その後しばらくは言葉も発せないまま過ごしました。施術を再スタートしたばかりだっただけに、「あぁ、あの半年間が……」という思いが何度も頭をよぎりました。

そんな状態のまま施術院に伺って、先生の前で何度も涙を流しました。しかし、ここでへこたれてなんかいれられません、上を向かなければ！　すぐさま私は戦闘態勢に入りました。

とはいえ、施術院の門を叩く以前の私は、こんなに前向きな性格ではありませんでした。自分の不運や襲いかかるアクシデントに泣いて凹んでばかり……。例えば、蚊を殺しても眠れなくなるくらいと言えばよいでしょうか（笑）。それほどネガティブな性格だったのです。

治療を受けながら耳にした先生の言葉からは、得るものばかりでした。例えば**「ちっぽけな脳みそで考えたって良い考えなんて出ないんです。考えるのではなく、感じなさい」**と、人が元来持っている〝力〟の存在を知ったり、悪いイメージや考えを持つと実際にそんな風になっていくこと、人やモノ、出来事に感謝を忘れず、常にプラスのイメージを持つことで自分の環境が変わっていくこと、私利私欲を捨て人様のために行動することが結局、自分を救うことに繋がることなど、改めてさまざまなことを学び、考えさせられました。

それらの知恵は、毎日の生活で心がけることで、少しずつ私の魂に刷り込まれ、いつしか、何もかもプラスにしか思考が働かない体質になっていました。

●今の状況を創ったのは「私」。その言葉を聞いて世界が一変した！

今でも心が折れそうなとき、思い出す先生の言葉があります。**「いくら悔やんでも恨んでも嘆いても、今の状況を創ったのは自分、選んだのも自分なんです」**。これです。

初めて言われたとき、「ハッ」と目が覚めて、胸のつかえがスッーと取れたような衝撃でした。当たり前のことなのですが、改めて先生に言われてすべてを受け入れられた。そのことで前に進むことができるようになったのだと実感しています。毎回、施術のたびにそれらの「人格改造語録」が、私の耳から毛穴から入り、何が起こっても気持ちをリセットできる強さを、いつのまにか身につけていました。

特にこの春からは、以前とは全く違う感覚で施術に臨む私がいます。「先生に治していただく」「先生に免疫力を上げていただき、はい、終わり！」。そんな他力本願の姿はもはや消えていて、「先生の力をお借りして自分でしっかり治すんだ」「先生に上げていただいた免疫力は絶対に下げない！」と、施術に対する意識が１８０度変化していました。

地面に吸い込まれていきそうな恐怖感の中、「がんがあれば消せばよい、消えなくても受け入れて、悪さをしないように封じ込めていればよいんです」。その先生の言葉を信じて、そして思い出し、拳で胸をドンドンと叩き、「大丈夫！　消せばよいんだ！」と、声を出して自分を励まし続けました。

施術院で培った（つちかった）ポジティブ思考が、何事にも折れない心と、信念を強く持つことで辛い出来事をすべてプラスに変換できる強靭な心を作ってくれました。

●病気に打ち勝つためのエナジートレーニング

心のケアと並行して、病気に勝つために私が行ってきたことのうち、先生にすすめられて特にこの4月の初めから本格的に取り組み始めたものを紹介します。

朝日を浴びることとの大切さや、私のような凡人でも自然界からエネルギーを取り入れて、免疫力を高めることができるトレーニング法を先生から学んでいたので、毎朝ベランダで朝日を浴びながら「氣」の取り入れをする。

それから信じて念じること！　でも、「病気を治してください」と今、身体に病を持っていることを前提に念じてはいけません。もう完治しているイメージを持ち、「病気はもうすべて消えてなくなりました。ありがとうございます」という念じ方で、と教わったので、その通り、暇さえあれば、ときには声に出して、ときには心の中で、強く強く念じ続けました。

常々身体を温め、体温を上げておくことが高い免疫力を維持してくれる、なので身体を冷やさないようにとお聞きしていたので、入浴時に首までゆっくりと浸かることも、毎日実行。

おかげで以前は体温が36度を上回ることがほとんどなかったのですが、今では目覚めてすぐに36度5分前後、日中は37度に届きそうな体温を保てるようになりました。

それだけで自信が湧いてきます（単純……（笑））。信じて続けていけば身体は必ず応えてくれるのだと実感しました。

とにかく「治る！」と信じました。「治す！」と念じ続けました。

小さな子供のように何も疑わず、余計なことに惑わされず、がんが消えることだけを強く信じました。

●2回目の検査で影が……しかし自分を信じたとき、奇跡が起こった

5月16日、医師からは腫瘍の広がりを詳しく調べ、手術の方針を決めるため、22日から1日入院して大腸ファイバーと、これだけの大きさだと胃にも広がっている可能性大なので、胃カメラを受けるように告げられました。

確かに、目の前にかけられた写真データには、素人の私にもすぐに確認できるほどの大きな塊（かたまり）が光っていたので受け入れるしかありません。本心を言えば、もうしばらく施術院でケアを受け、もっともっと自信を持ってからその検査に挑みたかったのですが、そのことを先生に相談したところ、「大丈夫！　22日に受けてきなさい。私

はな〜んにも心配していませんよ！」とニッコリ……いえ、ニヤリと（笑）、笑顔で言ってくださいました。私は、「そうなんだ、よーし、かかってこい！」と腹をくくり、予定通り、22日に入院しました。

当日、12時過ぎに検査が始まり、終わったころには3時を過ぎていました。迎えの看護師さんから「検査、長くかかりましたね。疲れたでしょう？」と言われ、普通の患者さんなら「やはり悪かったんだ」と考えるところでしょうが、そのころの私は「探しても見つからなかったから、ずっと探していたのでは？」と考えられるほど、超ポジティブ人間に進化していました（笑）。

その後、担当医が部屋に来られて**「あの〜（ちょっと言いづらそう）大腸も胃も、全く異常ありません。きれいなもんでした」**と言ったか言わないくらいで、私に質問の隙を与えず、部屋から出ていかれました。

ワーッと喜びながら頭の片隅では「あぁ、やっぱりイメージ通りになった！」と思っている私がいました。なぜなら、いつも頭の中で行っていた一人二役（医師と私）のシミュレーションが、この瞬間とまさしく同じだったからです。

●ごくごく普通の私が体験したこと：がんは治る！

この結果は、岡部先生のケアのお陰と、私自身が「治るんだ！」と諦めることなく、施術院で学んだ毎日の決めごとを強い気持ちで続けたこと、家族や友人、周りの方々の応援、それらが一つになり導いてくれたのだと信じています。

それからもう一つ、私が単純で素直だったということでしょうか（笑）。

こんな奇跡に近い体験をさせていただいたのは、どこか遠くの顔も名前も分からない誰かではなく、皆さんのすぐ近くにいるような普通の51歳、この私です。

伝えきれないことがまだまだあります。質問に答えて差し上げたいことがたくさんあります。もし希望される方がいらっしゃれば、先生にお尋ねください。私はいつでもお話しさせていただきます。

フィクションではない、私の身に本当に起こった出来事なので、下手くそなこの文面でも皆さんに伝わる何かがあると信じています。最後まで読んでくださってありがとうございました。

岡部先生からのコメント

この方は母子家庭で、当時県外の大学に通う息子さんを抱えて、自分の稼ぎのみで子供を育てている強いお母さんでしたが、ご自分のがんに将来を悲観されて泣いてばかりでした。いくら泣いてもわめいても現実は変わらないと諭し、前向きに病と向き合い受け入れて、がんを克服するように、力を合わせて頑張りましょうと励ましました。それからは、持ち前の明るさとバイタリティーで、なんと2ヶ月ほどでがんを克服されました。まさに「意識が変われば行動が変わり、行動が変われば人生が変わる！」の好例だと思います。改めて人に備わった意識力と氣の力、治癒力の素晴らしさを体験させていただきました。

◆夫の急性骨髄性白血病を乗り越えた5年間

【福岡県直方市　57歳女性・Kさん】

●出血、あざ、鼻血——急変した夫の体調

２０１０年８月、夫が「急性骨髄性白血病」を発症しました。両足首にあせもか虫さされかと間違えるような赤い点状の出血斑が出たのに始まり、歯茎の出血、目は結膜下出血、身体にあざと、次々と異変が起き、５日目には鼻血がタラリ……。血液検査結果で異常があり、大きな病院へ救急車で搬送され、即入院となりました。医師からは病状や生存率、無菌室での抗がん剤治療のリスクなどの説明を受けましたが、どの説明も真っ白な頭の中にはインプットできず、「白血病！」「がん！」の２語が頭の中をぐるぐる回りました。ただ一番気になる余命の宣告はされませんでした。『血液の98％ががん細胞に侵されています。家族のサポートも治療効果を上げますので、毎日顔を見せていただきたい』

こうして、どんな治療がどのくらいの期間行われるのか全く分からないまま、考える隙もなく、抗がん剤投与と血小板輸血が始まりました。

●辛い入院生活を支えてくれた氣のパワー

ワラをもつかむ思いで、その日のうちに岡部先生に連絡を取り、病名と症状を話しました。岡部先生は即、遠隔施術を開始してくださり、「**氣は生命エネルギーだから生命エネルギーが満ちていれば死ぬことはない！**」と力強く励ましてくれました。

発病直後の衝撃の中、最初に岡部先生から言われた言葉が『**大丈夫ですよ**』でした。岡部先生が、無菌室にいる夫に毎日、朝、昼、晩と遠隔でパワーを送り続けてくださっていることを知り、どんなに心強かったことか。

初めての無菌室での治療は　１日に１００回以上の下痢が続いて寝る暇もなく、42度を超えるような高熱、吐き気と口内炎、１週間目にはごっそりの脱毛等、今思えば壮絶な4週間でした。

次の治療開始までは10日間ほどの一旦休止期間があり、夫と私は自宅で過ごすことを選びました。この間に、岡部先生のところに毎日通って施術していただき、たっぷり氣のパワーをいただくことができました。２回目入院時の血液検査では、免疫力がかなり上がっていて、主治医も『氣の力は我々医師でも計り知れない』と一時帰宅に肯定的で、ぜひ氣功療法を続けるようにとのことでした。

初めの半年間はこんなふうに、入退院して無菌室での治療。その後の1年半は自宅に戻り、2ヶ月に1回の通院で抗がん剤投薬治療を受けるとともに、週2〜3回の岡部先生の氣功療法を受け、何とか2年間の治療を終えました。そして、仕事にも復帰できたのです。

これは治療開始から1年ほど経ったころの話ですが、主治医から、治療が後30分遅れていたら命を助けられなかったことを聞き、ゾッとしました。

●抗がん剤の副作用も軽減！　遺伝子レベルまで完治を達成

抗がん剤の副作用との戦いでは、夫は置きどころのない肉体的・精神的苦痛に耐えるしかなく、家族としても辛い期間でした。でも、岡部先生に氣功施術をしていただいたおかげで、同病者に比べてずいぶん早く副作用から脱出できたように思えますし、2年間続けられたのだと思います。

白血病の患者さんの中には、薬の副作用に耐えられなくて、2年を待たずに途中で治療をやめる方も大勢いるそうです。岡部先生からいただく氣のパワーと励ましの言葉は、ものすごくありがたいものでした。

一口では言い表せないほどの壮絶な治療を乗り越えるには、岡部先生の支えが大きかったのです。血の気が引くような病名だけども、不思議と、「絶対に負けない！」「助かる！」という前向きな気持ちで治療に臨め、冷静でいることができました。

そして発症から5年後、遺伝子レベルの検査もクリアし、とうとう夫は完治することができました。あれから6年半が過ぎ、今も夫は元気に過ごせています。病院での抗がん剤治療と並行して、岡部先生の施術でどれだけ愛と氣のパワーをいただけたことか計り知れません。

岡部先生からのコメント

急性骨髄性白血病が病院で発覚する数日前に施術をしました。そのとき、両手の爪がスプーン爪（爪がスプーン状にへこんでしまう状態）になっていて、打ち身のような斑点が脚にありました。それが、このような生死に関わる病気の前ぶれだとは思いもしませんでした。見つけられなかった自分の医学的な知識不足に腹が立ちました。そして「助かる確率が非常に少ない」と連絡を受けた後から「絶対に死なせない」との思いで、遠隔施術を時間が許す限り行いました。そして何よりも、ご本人の「病気には絶対に負けない、生き抜く！」という強い気持ちが命を救ったものと思います。退院後も後遺症が残ることもなく、本当によかったと胸を撫で下ろしております。

◆子宮頸（けい）がんを乗り越え、夢だった3人目の子供に恵まれた！

【福岡県田川郡　36歳女性・Tさん】

●がんの発覚で忘れかけていた3人目の夢が再燃

私が岡部先生と出会ったのは6年前のことです。私は子宮頸がんになり、上皮内がんと診断されました。そこで、友人の紹介で先生の施術院を初めて訪れました。病院では円錐手術をすすめられ、最悪の場合、子宮全摘と言われ、絶望しました。私の不安や恐怖など全く気にもせず、病院の先生は「子供も2人いるし、手術しなくても子宮取ったら？」と簡単に言われ、深く傷つきました。

結婚したときから〝子供は3人ほしい〟と思っていたのですが、仕事や育児に追われ、3人目をつくる余裕もなく、このころの私はもう3人目は諦めていました。

しかし、いざ産めなくなるかもしれないという現実をつきつけられると〝もう1人産んでおけばよかった……〟と後悔するばかり。〝やっぱり3人目がほしい!!〟とこのとき改めて強く思い、私は手術ではなく、レーザー治療を希望しました。

けれど、病院の先生は「レーザーだとすべては切除できない。完治はしない」と言いました。

それでも私は、〝子宮だけは残したい〟〝3人目がほしい〟ということで岡部先生に相談すると「大丈夫ですよ」と力強く言ってくれ、その言葉を信じ、レーザー治療のみをし、その後は岡部先生のところへ通い、施術してもらいました。すると、しばらくの後、がんは完治し、完全になくなってしまったのでした！

それから2年後、3人目がそろそろほしいことを岡部先生に話しました。**先生はすぐに妊娠できるように施術してくれ、その1ヶ月後に本当に妊娠発覚!!**　すでにいる2人の子供のときには1年以上かかったのに……もうびっくりでした!!

おまけに女の子を希望していたのですが、それも先生にお願いしたおかげなのか、お腹の赤ちゃんは女の子でした。

妊娠中もよく動き、お腹に手を当てて先生は毎回赤ちゃんと何かを話しているかのようで、先生がトントンとお腹を軽くたたくと、赤ちゃんもポコポコとけって動いて返事をしているようでした。

とにかく元気すぎる赤ちゃんで妊婦健診に行くたびに逆子(さかご)と言われ、岡部先生にそのことを伝えると逆子が戻るように毎回施術してくれ、先生の言うことはよく聞く赤ちゃんでした（笑）。

●トラブル続きの出産前……しかしその結末は！

しかし、臨月に入って、妊娠高血圧症になってしまい、病院から、入院して早めに出産することをすすめられました。入院間近の健診でまた逆子になっていることが分かり、帝王切開になるだろうと手術の同意書まで書きました。

普通分娩（ぶんべん）だと思っていたので、一気に不安になってしまいましたが、岡部先生はすべてお見通しのようで「大丈夫ですよ」と言ってくれました。逆子も戻る。薬や点滴をして出さなくても普通分娩（ぶんべん）できる。帝王切開もしなくて大丈夫。そう言い切ったのです。

「すぐに産まれてくるから頑張ってくださいね」と言う岡部先生の言葉で、私の不安は消えました。先生のパワーをたくさんもらった私は、出産に全く不安を感じることなく、入院を迎えることができました。

入院当日、診察した病院の先生から「逆子が治ってる!!」と驚かれました。帝王切開の予定はなくなり、岡部先生の言った通り、普通分娩ができることになりました。

入院するとすぐに、子宮口を開くためのバルーン処置と陣痛誘発剤の投薬が始まりました。しかし、丸2日間、不規則な痛みが続くだけで陣痛にはつながらず……3日目の朝を迎えました。朝の診察では〝子宮口も開いてないし、まだだろう〟とその日もバルーンと誘発剤をすることに……。しかし、少しすると一気に陣痛が始まり、まだバルーンも誘発剤もしていないのに自然に陣痛が来たんです。

ちょうど荷物を持って主人も来ていたので、立ち会い出産もできることになり、すぐに分娩台へ。そして――30分もかからずに無事出産‼　陣痛が始まってから産まれるまで1時間もかかっていない超スピード安産でした‼　痛みも少なく、あっというまの出産でした。

最初から最後まで、岡部先生の言葉通りの展開で……本当にびっくりな出産体験でした。

●未解消だった祖父への想いを昇華してくれた娘

そのときに産まれた娘が3歳になったころ。1人遊びが上手で、よく1人で何役にもなりきって遊んでいたのですが、その日もお風呂に入ってると誰かとしゃべっているかのように1人で話をしていました。

お風呂から上がり、誰かと話しながらキャッキャと笑い、タオルで身体をパチパチはたくように拭き始めたのでびっくり!!「どうしたん？」と聞くと「おじいちゃんのマネしてるの」とニッコリ笑う娘。私は驚き、キョロキョロすると娘は隣を指さして「ここにいるでしょ!!」とケラケラ笑い、誰もいない方を見ながらタオルでパチパチと身体をはたきながら拭いていました。

身体をはたいて拭く行動……それは、まさに10年前亡くなった私の祖父のクセでした。お風呂が大好きで、特徴のある身体の拭き方……娘に祖父が見えてるのかと本当に驚きました。祖父に会ったこともない娘が祖父のクセを知るはずもないし、私は娘に祖父が見えているとすぐに受け入れることができました。

それからというもの、ときどき、娘は祖父と遊ぶようになり、私も祖父が見えてることに対して別に気になることもなく、祖父が見守ってくれているんだと嬉しく感じていました。

そして、ある日、私の実家へ行き、仏壇に手を合わせようとしたとき、娘が突然「あーっ!!」と叫び、遺影を指さして「ママ！　このおじいちゃんよ!!」と言ったんです。私はやっぱり祖父だったんだと確信しました。それからも娘は「しげおさん♡」と話をしたり、遊んだりしてました。それが、怖いこと、悪いことだと思いもせず、過ごしていました。

それから、しばらくして岡部先生に施術してもらってるときにふと思い出して、その娘の話をしたんです。すると、意外な言葉が返ってきました。「**正しい祈り方、参り方をしていますか？**」と。

私は突然亡くなった祖父の死を受け入れられず、10年間ずっと〝夢でいいから会いたい〟〝ずっとそばで見守っててね〟とお参りするときは必ずそう心の中で唱えていました。そのことを伝えると「そんな祈り方をするからですよ」と納得したように先生はおっしゃいました。〝そばにいて〟〝見守っていて〟など、その祈りによって祖父は10年間もの間、成仏（じょうぶつ）できずにいたことを初めて知りました。

先生から色々な話を聞いたあと、すぐに先生はお祓い（浄霊）をしてくださいました。お祓いをしている間、なぜか涙が止まりませんでした。祖父に対して、〝**今まで苦しめてごめんね。私はもう大丈夫、ありがとう**〟その気持ちでいっぱいになりました。

10年間、成仏できずにいた祖父。きっと娘を通して、私に何かを伝えようとしていたのでしょう。娘に祖父が見えていたことにも意味があったんだと思えてなりません。祖父↓娘↓私↓岡部先生へと伝わり、祖父は無事に成仏できたようです。

その日以来、娘が祖父と話したり、遊ぶことはなくなりました。でも、ときどき仏壇に手を合わせたり、空に向かって話をする娘。何をしているのか聞くと「しげおさんにお話があるのにもう会いに来ないんだよね〜。もうお空に行ったから」。そう言ったんです。

それでも、娘はときどき空に向かって「どうやってお空にのぼったのかな？　階段かなあ？」と1人でつぶやいたりしています。何も知らない娘ですが、祖父はとても優しいおじいちゃんだったようで、10年も前に亡くなっていて実際には会ったこともない祖父のことを大好きだと言います。

そして、もう1つ。お祓いしてもらった次の日、山口県にいる妹と話をしていると妹が突然祖父の話をしてきたんです。今朝、祖父の夢を見たらしく、祖父を追いかけようとしても逃げられてしまい、〝ついてくるな〟〝もう大丈夫〟そう言って「さよなら」と別れを告げるような夢を見たと話したので、私は驚き、岡部先生からお祓いしてもらったことを話しました。

妹も未だに祖父への依存心が強く、私のような気持ちでいたようで、私は岡部先生から聞いたことをすべて伝えました。きっとこれは偶然なんかではなく、祖父は妹にさよならをするために現れたんだと思いました。

●エナジーヒーリングは私の人生を丸ごと変えてくれた！

私は娘と岡部先生のおかげで10年たってやっと祖父の死を受け入れることができて、本当に感謝しています。〝そばで見守っていなくても心の中にいるでしょう〟という岡部先生のこの言葉のおかげで私は変われました。今までたくさん救われ、助けられてきましたが、この不思議な経験によって、私自身が良い方向に変われてよかったです。

最後に、私は病気になってから、身体だけでなく、いつも気持ちが重く、不安で悲観的になりがちでした。でも、岡部先生と出会って、病気も完治し、夢だった3人目を妊娠・出産することができて、人生が大きく変わりました。私のネガティブをポジティブに変えてくれ、いつも身体と心を軽くしてくれる先生には感謝しかありません。今、私は本当に幸せです。岡部先生に出会えてよかったと心からそう思います。本当に本当にありがとうございます。

岡部先生からのコメント

子宮頸がんで来院されたときは不安で泣いてばかりでした。しかし現在では待望の3女も誕生し、すくすく成長しているご様子を、明るく楽しく話されるたびに嬉しくなります。そしてその子は、幼児（4歳）とは思われない程の知能を誇っているそうです。受精のときからエナジーを送り続けた結果だと嬉しく思っています。お爺ちゃんもこの世での役目を終えて、天国で安らかに過ごされていることでしょう。

◆最愛の娘の運動神経麻痺……エナジーヒーリングのおかげで手術を回避

【福岡県鞍手郡（くらて）　44歳女性・Kさん】

●順調に育っていた娘の足に異変が……

私の娘のHは2001年4月生まれ。1歳を過ぎたある日、ようやく独り歩きができるようになり、家族はその成長を楽しみ見守っていました。

ある日、親戚のおばさんが遊びに来て、「Hちゃん、片方の足がつま先立って歩いてるね」と言いました。特に気にしていなかったものの、そう言われると気になりだして、一度病院で診てもらおうということになりました。

近所の整形外科から始まり、評判の良い整形外科、県外の整形外科、東洋医学の病院、大学病院と進み、最後はお祓いや神頼み（そこの水を悪いところにつけると治るという）……いくつもの病院やわけの分からないお祓いを受けました。

大学病院で脳の検査を行った結果、脳に何らかの異常があり、運動神経麻痺による尖足（せんそく）との診断を受けました。その病院から次に紹介してもらった病院は、発達障害の子供さんを中心に診てくださる病院でした。

私の見た感じでは、娘の足は、アキレス腱が少し硬い感じはするものの、他動で動かせば関節も動かせる状態でした。そして、知能検査等も受けましたが異常なし。大学病院の先生が下された診断は、娘の成長に合わせてアキレス腱延長手術を繰り返し行うというものでした。

手術後は補装具をつけ、リハビリを行うという話で、まともな学校生活は送れない印象でした。

そんなとき、親戚から岡部先生の施術院のことを聞き、すぐに足を運びました。施術院では子供の施術は行っておらず、まして乳幼児などみてはもらえないかもしれないと不安を抱えつつも、岡部先生に娘の施術をお願いしてみました。岡部先生は私の話を聞き「子供はみていないけどね〜！」と言いながらも快く引き受けてくださいました。

●「手術はいらない！」先生の言葉に何より励まされた

施術は4〜5日から1週間に1回のペースで、頭と頸椎、骨盤を中心にみていただきました。まだ幼かった娘ですが、施術中に泣くこともなく、逆に眠ってしまうこともありました。手術を予定していた病院との並行療養となったのですが、岡部先生が

「娘さんの足を手術してはいけないよ！」と私と娘を励ましながら施術を続けてくださるうちに、娘の足首はだんだんやわらかくなり、1ヶ月後には踵(かかと)をついて歩行できるようになり、3ヶ月後には普通に小走りができるようになりました。今でも思い返すたびに感謝の気持ちで胸がいっぱいになります。

手術の日程を決めるように迫っておられた大学病院の先生は驚くばかりのようでした。今までの検査、診断は何だったのか？　と思わざるをえません。診察を受ける者、治療を受ける者の気持ちはとても弱いものです。1人の人間の人生が医者のひとことで左右されてしまう。私たち親子は、「普通の学校に通うのは無理でしょうね」「悪くなることはあっても良くはなりません」とハッキリ言われました。それでも私は母親として娘の足を治してあげたい一心でした。その想いが私たち親子と岡部先生を引き寄せてくれたのだと思っています。

●ご恩返しに自分もヒーリングの道に！

私は岡部先生の施術に感銘を受け、何かお礼がしたいと伝えましたが、「施術費をいただいていますのでそれ以上の物はいりません」とのことでした。そして**「そのお気持ちがあるのなら、あなた方親子と同じように困っている方を助ける仕事をしてみたらいかがですか？」**と言われました。

私は、確かにその通りだと思い、私たち親子のように困っている方の役に立とうと決心しました。そして、岡部先生のような施術家を目指して勉強を始めました。

私の娘は15歳になりました。そして「普通の学校に通うのは無理でしょうね」と医者から言われたのが嘘のように、小学校、中学校ともに何の問題もなく、普通の学校に進学しました。中学校では何と陸上部に所属し、中距離を中心に活躍しました。中学3年生の最後には、全国都道府県対抗女子駅伝の選考会に残れるほどに成長しました。ある人が調べてくださったのですが、中学生時代の3000mのベスト記録が、2016年全国女子ランキングに載るまでになりました。

もしあのときに岡部先生に出会うことなく手術をしていたら……！　と思うと、走ることはおろか歩くこともままならなかったのではないかと思います。岡部先生との出会い、施術によって、娘と私たち家族の人生が変わりました。心の底から感謝の気持ちでいっぱいです。本当にありがとうございました。

岡部先生からのコメント

この子も、もう16歳の高校1年生になりました。あのときのお母さんは、何ともいえない悲壮感が漂っていて「何とか我が子を正常に歩かせたい」との思いがひしひしと伝わってきました。中学生以上しかみていませんでしたが、お母さんの熱意に負けて、受け付けることにしました。今では地域を代表するような陸上選手になり、本当によかったと思っています。

また、お母さんも15年にわたり施術の勉強を熱心にされて、家族の健康管理は元より、プロとしても頑張っておられます。そして、ときどき昼休みに施術院に来ては、私の昼寝の邪魔をして質問攻めにします。

◆氣功・温浴・腹巻き――自助努力で待望の妊娠！

【福岡県福岡市　36歳女性・Mさん】

結婚前はすぐに妊娠するものと漠然と思っていましたが、結婚4年目となり子供を授かることができるのかと焦ってきました。本やインターネットで調べ、良いと言われることを片っぱしから試しましたが妊娠には至りませんでした。自分に異常があるかもしれないと心配になり、産婦人科を受診したところ、どこも異常はないと言われ、ほっとしましたが、特に進展はありませんでした。

岡部先生にみてもらったら、冷え症とホルモンバランスの乱れがあると言われ、氣功で整えてもらい、アドバイスとしてお腹を温めるようにと指導をいただきました。以前はずっとシャワー浴だったので、浴槽につかるようにし、腹巻きをしました。また、遠赤外線効果のある石を温めて使用し、お腹が冷えないように注意していました。

1回施術してもらった後、予定日になっても生理がこなかったので、妊娠検査薬を試したら陽性反応でした。産婦人科で正常妊娠していると聞いたときはすごく嬉しくて感動しました。

岡部先生の施術のおかげで妊娠生活も問題なく過ごせて、母子ともに健康で、出産することができました。本当にありがとうございます。

岡部先生からのコメント

内科医の娘さんから整形外科の娘さんへと、子宝に恵まれたお医者さんの繋がりで、歯科医の娘さんが来られました。私の考えでは、夫婦が正常であれば問題なく妊娠できるのではないかと思っています。妊娠できないのは、婦人科では診ていない霊的な問題や生活習慣に理由があると思い、生活の指導（冷え対策）と浄霊、それと毎日の神様への祈り方を指導しました。一回の施術で妊娠できて本当によかったです。

◆どこに行っても治らなかった脊柱管狭窄症が6ヶ月で改善！

【福岡県飯塚市　65歳男性・Nさん】

２０１５年8月に、ゴルフの最中に、突然腰から股関節にかけて激痛が走り、歩くのも困難になり途中でやめて帰りました。初めての経験でした。ただ、思えば1年ほど前から腰に鈍痛があり、歩き方が変だとよく人に言われていました。

中学生のころからバレーボール、水泳等々スポーツをやっており、身体には自信があったのでショックでした。仕事に支障をきたすわけにはいかず、そのため病院を5ヶ所回りました。ＭＲＩ等による診断の結果、病名は、脊柱管狭窄症、ヘルニア、すべり症でした。手術をすれば、リハビリも含め、1ヵ月は最低かかるとのことでした。とても1ヵ月も仕事を休むわけにはいきません。手術をすると金属のチタンで固定した脊椎の上下が、将来悪くなるとのことでした。したがって手術は、諦めました。整骨院もハシゴしましたが効果はありませんでした。

そんなとき、以前勤めていた会社の後輩から「先輩、自分の首が回らないのを整えてもらいました。紹介しますので行ってみませんか」と、岡部先生の施術院を紹介してもらい、ワラにもすがる思いで行ってみました。

するとと先生の第一声は、「医者の言う通り手術していたら腰がいくつあっても足りませんよ。うちにも整形外科医の先生が、2人ほど施術を受けにきています。まあ半年もすれば普通に歩けるようになりますよ」。最初は、実のところ半信半疑でした。今まですべて裏切られていましたので。

それから週1回通い出しました。3ヶ月も経ったころ家内から歩き方が良くなったと言われて、そういえば痛みが少し取れた気がしました。そして先生の言われた通り、半年もすると普通に歩けるようになっていました。

今では、諦めていたゴルフや水泳、サイクリングもやれるようになりました。手術しなくてよかったとつくづく思います。具合の悪い人を見ると、先生の施術院をついついすすめてしまいます。ありがとうございました。

岡部先生からのコメント

この方の不調の原因を探したときに、腰に歩けない程の大きな異常があるとは思えなく、歳相応でした。腰から臀部にかけての激痛は、パトリックテストやスコアリングテスト（整形外科検査法）で陽性を示し、股関節の問題で痛みが出ていると判断しました。一般的に股関節は治りが悪く時間がかかりますが、この方のカルテを見ると4ヶ月程でほぼ完治しています。根気よく施術を受けられたことで、現在では毎朝サイクリングを1時間半もできるようになり、体重も7～8kg減り、とても若々しくなりました。1年前は歩くのもままならない状態だったとは思えない程の回復をしています。

◆余命３ヶ月の腎臓がん宣告を受けた母と奇跡のその後

【福岡県田川郡　57歳女性・Iさん】

現在84歳になる実母は、62歳のときに右肺がんの手術をして２／３を切除し、何とか普通に生活をしていました。しかし、７年前の77歳のときに今度は腎臓がんを発症しました。

医者からは手術をすすめられ、「腎臓がんの手術をすると、片肺の２／３を切除しているため、人工呼吸器のお世話になるかも」と言われました。

母が「歳だから手術はもういい」と言うと、今度は抗がん剤治療をするようにすすめられました。

母は肺がんのときの抗がん剤の副作用がとても辛かったので、「そうまでして長生きしなくてもいい」と言い、手術も抗がん剤投与もしないことにしました。

医者は怒ったように、手術も抗がん剤もしないのであれば、「余命３ヶ月」と言いました。

そんなときに岡部先生の施術でがんが良くなっている人がいるとお聞きし、ワラにもすがる思いで母をみてもらいました。

母も「4ヶ月先の初孫の結婚式には何とかして参列したい。初孫が花嫁衣装を着た姿を見てから死にたい」と言っていましたので、あと3ヶ月の命では間に合いません。何とか叶えてやりたいと思い、無理やり施術の予約を入れていただきました。

病院の先生からは、「あまり良くないので、残り少ない日々を悔いの残らないように！」と言われていましたが、岡部先生から週2〜3回の氣功とカイロプラクティックを受けると、見ちがえるように元気になりました。肺の手術で呼吸音もかなり荒かったのですが、ヒーリングが進むにつれて健常者と同じように静かになりました。

余命3ヶ月と言われた命も、あれから7年経ちましたが、母は3人のひ孫の世話を楽しみながら、いまだに普通の生活を送っています。そして今では、不思議なことに「岡部先生の施術院には行きたくない」と駄々をこねます。

せっかく助けていただいた命なのにと思い、その理由を聞くと**「岡部先生のところに行くと、死ぬ歳になったのに、いつまで経っても死ねないのでもういい!!」**と言って笑っています。何とも不思議ですが本当の話なのです。

岡部先生からのコメント

最初に来られたときは、見た瞬間にギョッ！　としました。幽霊のように生気がなく痩せ衰えて歩くのもままならないような状態でした。「4ヶ月でよいので生かしてほしい」と言われて、うちに来られました。2ヶ月間ほど施術を続けると、しっかり歩けるようになりました。4ヶ月目の孫の結婚式にも無事に出席できて、「もうこれでいつ死んでもよい」と死を受け入れ、開き直ったのがよかったのか、7年以上経った現在でも入院することもなく、普通の生活ができています。自分自身の状況を受け入れて、日々感謝して過ごすことがよかったのだと思います。改めて生命力の凄さを感じさせられます。

また娘さん（57歳）も、もの心ついたころより足底が痛くて歩けないような状況が何十年も続いているということでした。どこの病院や治療院に行っても治らなかったので、諦めているとのことで、みましたところ、足底腱膜が過剰に緊張している状況でした。足根骨の調整と足底腱膜調整で一気に緩み、痛みが消失しました。今では登山（山ガール）の趣味や、若いころに履けなかったハイヒールが履けると喜んで、おしゃれを楽しんでおられます。

◆3年間の妊活のすえ授かった我が子が胎内で成長停止！　ピンチを救った氣の力

【東京都文京区　38歳男性・Mさん】

●待ちに待った妻の妊娠、しかし赤ちゃんの成長に懸念が……

2016年1月の雪のちらつく日に2340gで男子が無事に生まれました。小さいながらも、ICU、GCUに入ることなく、一般病棟での入院を経て母子一緒に退院することができたことは、岡部先生のおかげがあってのことと、夫婦ともに感謝しています。

もともと、妻はなかなか妊娠することができず、3年間の妊活を経てようやく妊娠することができました。

妊活初期から、妻の子宮に小さなポリープがたくさんあることが分かっていました。

しかし、取って妊娠する人もいるけれど、取ることによって妊娠しづらくなることもあるという主治医の説明もあって、手術へ踏み切れずにいました。

生理が来るたびに2人で取ろうか取るまいか迷っていましたが、3年経ったし、思い切って取ってもらったのが幸いし、5月初めの手術後最初の排卵で、妊娠検査キットに陽性の反応が出て、それがそのまま妊娠に至りました。

それまでも検査キットによる陽性反応は何度かありましたので、一日一日心配しながら過ごしましたが、安定期と言われている12週に無事に至り、20週の健診時のエコー検査では、お腹の赤ん坊の大きさは成長曲線のちょうど真ん中にあり、安定した成長が確認できて安心していました。

しかし、ほっとしたのもつかの間で、その後、エコー検査での体重が、成長曲線の下限を這(は)うように進むようになりました。

それでもゆるやかながら成長を続けていましたが、わずかながら成長曲線の下限を下回るようになると、担当医師から転院をすすめられました。

このままのペースでは、いつ帝王切開で出産しなくてはいけない事態になるかもしれず、ポリープの手術前からお世話になっていた三井記念病院には新生児ＩＣＵがないため、緊急で出産という事態になる前に、新生児ＩＣＵのある東大病院へ転院することになりました。

それが妊娠28週、10月中旬のことです。

10月末の転院後は、週に2回のペースで健診を受けるようになりました。通常は2週間に1回の健診です。

その後も成長曲線下限を少し下回りながら、成長を続けていたのですが、33週から34週（11月末から12月初め）にかけて、成長が全く止まってしまいました。

そのため医師からは、赤ちゃんは元気に動いているものの、成長していないことから、入院して様子を見ることになるかもしれないと言われました。

●岡部先生との出会いで2度の危機を乗り越えられた！

私たちにとって幸いだったのは、その健診の後に東京に来られていた岡部先生にお会いする機会を得たことでした。12月4日に１５０８ｇと言われた健診の2日後にお会いしました。

これまでの緩やかな成長と、現在の状態についてお話しすると、岡部先生は施術をしてくださいました。

特にどこかを押したりするわけでもなく、手を乗せたり、かざすといった具合です。

その結果、２日後の健診では体重は１５７４ｇにアップし、その４日後には、１７２４ｇまでアップしました。これまでで最大の成長で、医師もこれなら入院はしなくていいでしょうとなりほっとしました。

そして、施術していただいた10日後の健診で、また成長が止まってしまうことがありました。そのことをメールで岡部先生に報告すると、毎日遠隔での施術をうけおってくださり、朝昼夜の3回していただきました。報告後の健診ではまたも大きな伸びを示し、それ以降順調に推移するようになりました。

12月の末に、病院のベッドの都合から、都立大塚病院へと再転院することになりましたが、成長曲線を上回る成長を続け、予定日を少し過ぎた雪の日、日付が変わった深夜に生まれたときには、なんと、成長曲線の下限にタッチするまでに無事育っていました。

お腹の中の赤ん坊の成長が止まってしまうという、医学的にも見守るしかないという状況の中で、岡部先生の施術によって2度の危機を乗り越えられ、無事に出産に至ったことは、私たちにとって幸運でした。とても感謝しています。

●臍帯動脈が1本になるも、氣の力で無事誕生

今回、成長が不安定となっていた原因は、母体の血管が細かったことが関係しているのではないかと思っています。

お腹の赤ん坊は、2本の臍帯（さいたい）動脈という血管で栄養をもらっています。2度目の転院後、最初のエコー検査で、この臍帯動脈が1本になってしまっていると言われました。「単一臍帯動脈」といわれるこの状態は、初めからそうなってしまっている場合と、もともとあった血管の1本が何らかの原因で塞がり、1本になってしまう場合があります。

今回のケースは、それまでの再三にわたる検査ではそうした指摘がなかったことか

ら、後者であったのではないかと考えられます。

2度の成長が止まってしまったタイミングは、動脈の1本が塞がってしまったためかもしれません。ひょっとすると2度目の成長が止まってしまったタイミングは、2本目が塞がりかけていたのかもしれません。

岡部先生の遠隔氣功によって何が起こったのかを医学的には検証できないでしょうが、母親からの栄養血管が２本だったときですら不安定な成長を続けていた赤ん坊が、１本が塞がって、残る１本だけになってしまったにもかかわらず、施術後にむしろ順調な成長をしたことは、まぎれもない事実です。

もちろん安静にすることは心がけましたが、岡部先生の施術以外には外部から何もしていないのです。

私たち夫婦にとっては、氣のすごさを実感させられる出来事となりました。岡部先生には本当に心から感謝しています。

※こちらの写真は、この患者さんからお借りした、赤ちゃんの当時の発育グラフです。

お話の通り、32週で一度止まってしまった成長が、ジグザグの線を描きながら正常値に戻っていった様子がお分かりいただけると思います。

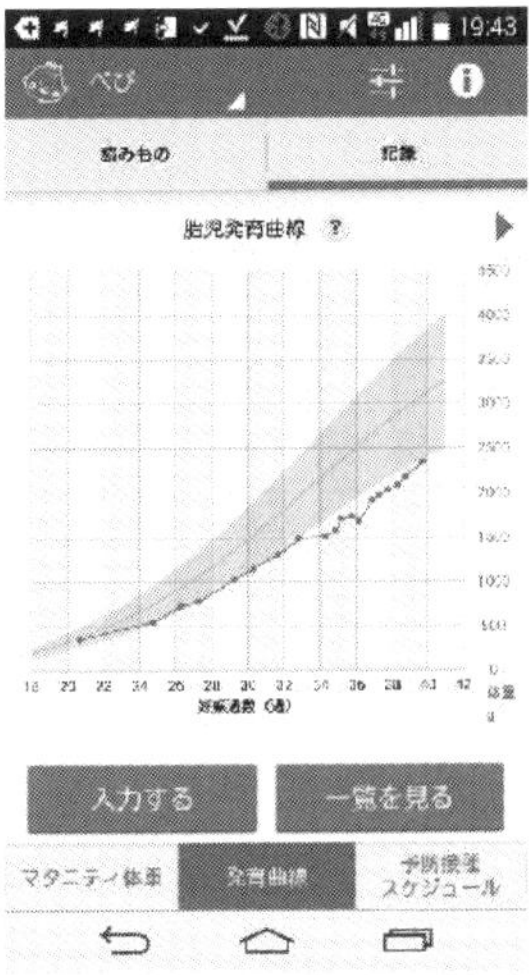

岡部先生からのコメント

東京出張の際に相談を受けて即施術を行いました。結果はすぐに出て成長線が回復したと報告を受けて安心していましたが、数日でまたもや成長線を下回るようになったと連絡がありました。

成長線が回復したとの連絡に油断していました。もう福岡に帰ってきていたために、早速遠隔施術を毎日3回朝昼晩生まれるまでの1ヶ月間程行い、無事に自然分娩にこぎつけることができました。

その子もすくすくと元気に成長しており何よりです。

◆4院目受診で判明した母のパーキンソン病！　早期発見で10年目の今も健やか

【福岡県田川郡　45歳女性・Mさん】

母は現在78歳でパーキンソン病です。この病気と分かって10年以上になります。パーキンソン病と病名がつくまでに約半年くらいかかりました。

きっかけは、岡部先生が施術の中で、脳に異常を見つけ、脳の検査を受けることをすすめてくれたことです。

そのころ母は、少し手の震えがあることを気にしていました。人前に出ることが続いていたので、緊張しているからだろうと家族で話していましたが、10年以上施術をしていただいている、とても信頼している岡部先生のすすめもあり、脳の検査を受けることにしました。

一つ目の病院ではCTを2回撮ってもらいましたが、脳には異常はなく、年相応で肩こりから来るものだろうという診断でした。

岡部先生に報告すると、病院を変えてみたらとすすめられ、違う病院で検査を受けることにしました。

二つ目の病院の検査結果も同じでした。その結果も先生に報告すると、「やっぱり、田川の病院じゃだめだね。大きな病院に行かないと……」と言われました。そのときも私たちは、先生を信じて、もう一度違う病院を受診することにしました。

三つ目は、今までより大きな病院に行きましたが、結果は同じ……。さらに、「毎日一口大の肉を食べなさい」と。これには、私たちも先生も笑ってしまいました。

このころ、施術の際の母の様子を見ていた先生は、服の始末の様子や身体の動き、歩き方などから、もっと大きな病院に行くようにと再度すすめてくださいました。

先生から言われて、母の様子を気をつけて見ていると、無意識のときに指が震えたり、身体の動きが以前よりゆっくりになってきたりしていることに気づき始めました。

そこで、大学病院の脳神経内科を受診しました。そこでは、診察室に入ってくる母の歩き方を見た担当の先生から、すぐに**「パーキンソン病の疑いがある」**と言われ、詳しく検査を受けました。それを岡部先生に「出ました！」とばかりに報告すると、先生も「やっぱり」と。

先生は、母の身体をみて、すでに病気のことを分かっていたのだなあと感じました。それから、すぐに薬を合わせるための検査入院をしました。まだ初期だったため、薬の量も少しで済み、早い段階で治療を始めることができ、進行も抑えることができました。

「よく、この初期の初期の段階で、異変に気づかれましたね」と病院の先生から感心されました。

もしあのとき、岡部先生から、強くすすめられていなかったらと考えると恐ろしくなります。「異常なし」と言われながら、４ヶ所も病院を受診していたかなと疑問に思います。

病気が見つかってから数年ほどで、動きがさらに悪くなり、人格も変わることもあると言われ不安でした。しかし、7年後に経過を診てもらいに大学病院に行くと、**「えっ！　最初から7年も経っているのですか。ほとんど進んでいないですね。よかったですね」**と、担当の先生が驚くほどゆっくりとした進行しかしていませんでした。今は病院で薬を処方してもらいながら、3週間に一度、岡部先生の施術を受けています。

岡部先生を信じて、母の治療を行ってきたことが、今の結果に繋がっているのだと思います。岡部先生に心から感謝しています。

岡部先生からのコメント

月に一度の定期的な施術をしているときに脳の異変に気がつきました。パーキンソン病の簡易検査をしてみると陽性を示したので、病院での脳検査をすすめました。しかし初期だったために見つからずに、4院目での大学病院でしか見つけられませんでした。あれから10年の歳月が流れましたが、ほとんど進行が抑えられた状態が維持できています。これも患者さんが私を信じて病が見つかるまで病院を探したことと、集中的に施術を受けられたことの結果だと思います。何はともあれ進行を抑えられて本当によかったです。

また、この体験談を寄せてくれたMさん自身も、閉所恐怖症をエナジーヒーリングで乗り越えられました。


いかがでしたでしょうか？　施術の体験談を読まれて、奇跡的な話ばかりでびっくりされたことと思います。でも中には、がんや特定疾患で、わずかな延命はできたものの、亡くなる方も当然おられました。永遠の命はありません。いつかは召されるときが来ます。

エナジーヒーリングは「死なない施術法」ではありません。ただ、召されるそのときまで、健康で明るく楽しく人生を全うするための手段です。ぜひ実践してください。

第2部

エナジーヒーリング【基本編】

では、いよいよエナジーを身体に取り入れるトレーニングに取りかかりましょう！

本書では、トレーニングを３日分に分けていますが、できる人はすべてを一度にやっても大丈夫です。また、３日間続けてできなくても、ご自分のペースで、できる範囲でトライしてみてください。最初は何も感じなくとも、トレーニングを繰り返せば、誰でも、必ずエナジーを扱えるようになります。

準備１．エナジートレーニングで大切な「設定」について

エナジーのトレーニングで大切なのは、「イメージ」と「呼吸」と「設定」です。

まずエナジーの動きをイメージし、それを自分の呼吸と連動させます。それができたら、最後に【設定】をします。この【設定】というのは、「こうしたら、こうなる！」と、自分に言い聞かせることです。パソコンの上書き機能のようなもので、できたときの感覚を忘れないように、細かく上書きしていく感じです。

自分で「こうなる！」と決めると、エナジーは必ずその通りに動きます。ですから、トレーニングの際に、エナジーを上手に動かせるイメージができたときは、必ず「いつでもこれと同じようにエナジーが動く！」と設定してください。「設定！」と心の中で思うだけで設定ができています。もしくは、実際に「設定！」と声に出すのもよいかもしれません。

設定はご自身のタイミングでやっていただいて結構ですが、本書中にも設定ポイントを書いておきますので、そこでは必ず設定するようにしてください。意識して設定することが大切ですが、トレーニングを重ねるうち、勝手にできるようになりますので、最初のうちは頑張って設定をしていってくださいね。

準備２．姿勢と呼吸について

より効果的にトレーニングができるように、まず姿勢と呼吸についてご説明します。

ここで紹介する姿勢は、身体の芯が安定し、エナジーが自然に体内をめぐるようになる姿勢です。また呼吸は、瞑想のときにも使える呼吸法です。ぜひ、慣れておいてください。

◆姿勢（図1）

(1) イスに浅く腰かけ、腰を真っすぐにします。ヘソの真裏に「命門（めいもん）」という、エナジーが出入りするツボがあるのですが、そこを開くつもりで腹に力を入れ、腰を少し伸ばすようにします（腰を反らさないように、真っすぐを心がけてください）。

(2) 肩の力をぬき、頭の天辺を真っすぐ天井に向けます（このとき、あごを上げたり、引き過ぎたりしないようにします）。肩をうしろに引き、手のひらを上に向けた状態で、太ももの上に軽くのせます。

(3) 足は肩幅に開き、足底をしっかりと床につけます。膝とつま先も、開けたり、内股になったりしないよう、真っすぐ保ちます。

準備2．姿勢と呼吸について

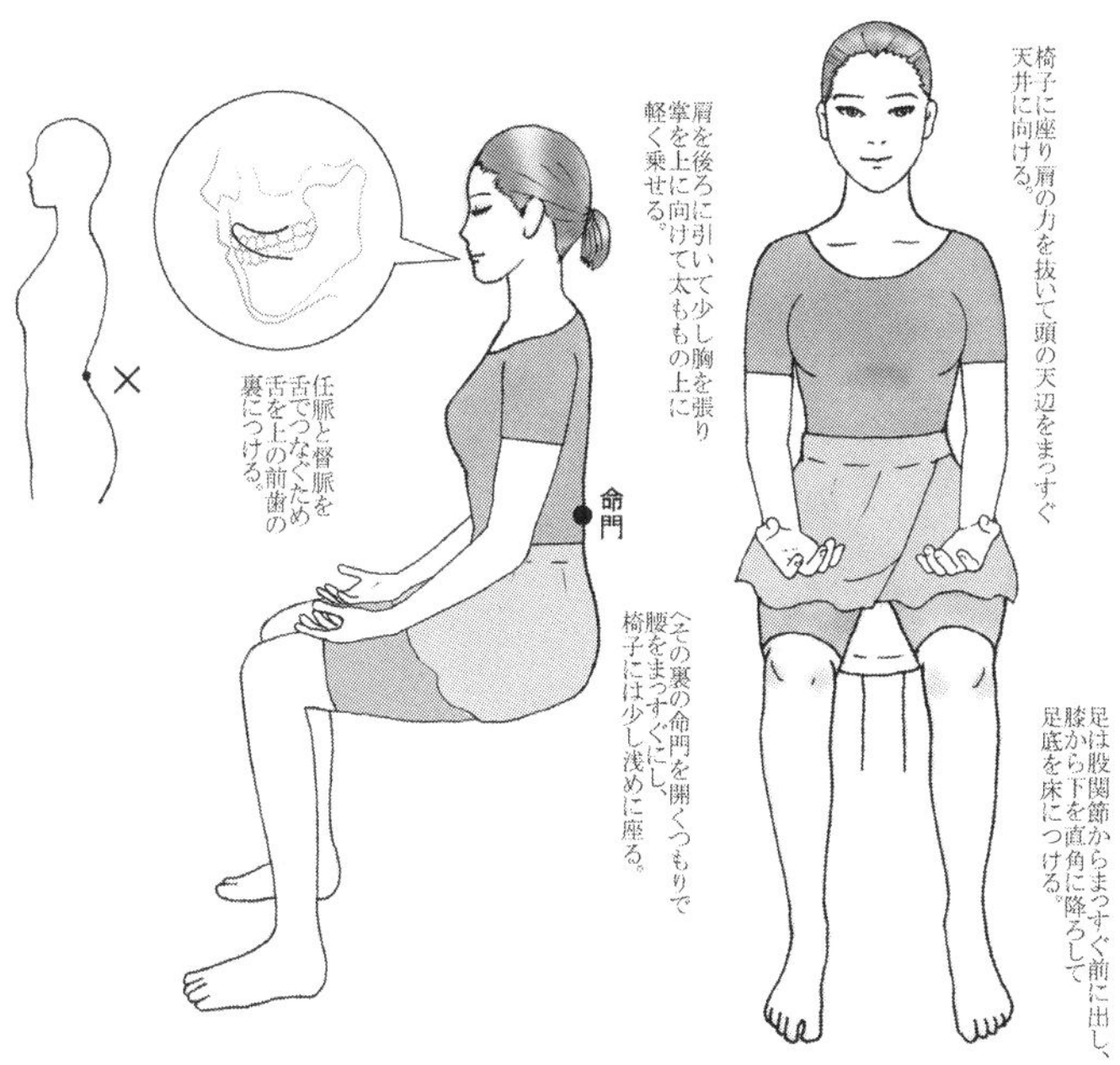

図1　基本姿勢（座位）

◆みぞおち呼吸

(1) 舌を上の前歯の裏につけてください。これは、任脈（にんみゃく）と督脈（とくみゃく）というエナジーの回る経路を口腔内でも繋ぐことで、エナジーを身体全体にめぐらせるためです（図2−1）。

(2) 呼吸を整えます。最も心地良いと感じ、深く呼吸ができるペースを、ご自分で見つけてください。

よく分からない場合は、最初は４拍子で吸い、４拍子で吐く（４・４法）や、４拍子で吸い、６拍子で吐く（４・６法）などを試してみるとよいと思います。

(3) 呼吸のペースが決まったら、その呼吸をみぞおち（横隔膜）で行います。呼吸しながらみぞおちに手を当て、吸ったときにみぞおちが膨らみ、吐いたときにへこむように意識します（図2−2）。

通常、女性は胸式呼吸、男性は腹式呼吸が多いですが、みぞおち呼吸を使う方が解剖学的にもよく、エナジーもより多く取り込むことができます。慣れないうちは大変だと思いますが、腹筋強化にも繋がります！　ぜひ頑張ってください！

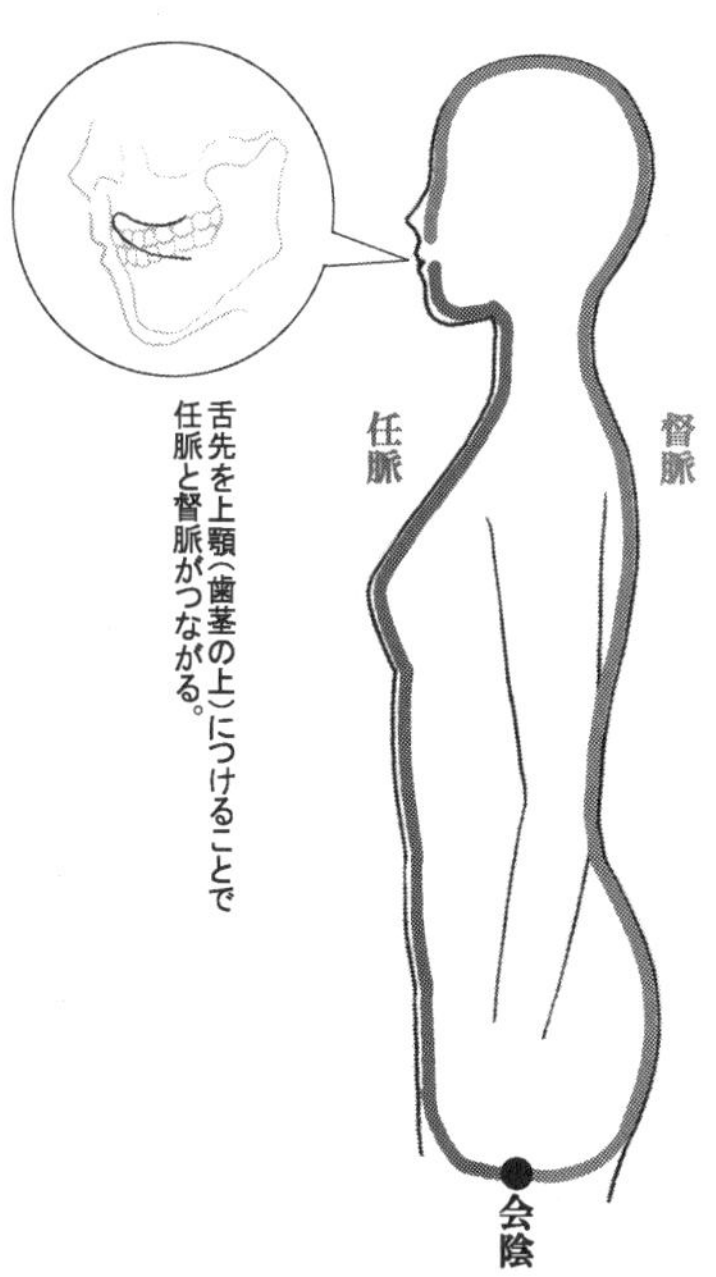

舌先を上顎（歯茎の上）につけることで
任脈と督脈がつながる。
任脈
督脈
会陰

図2－1　任脈と督脈

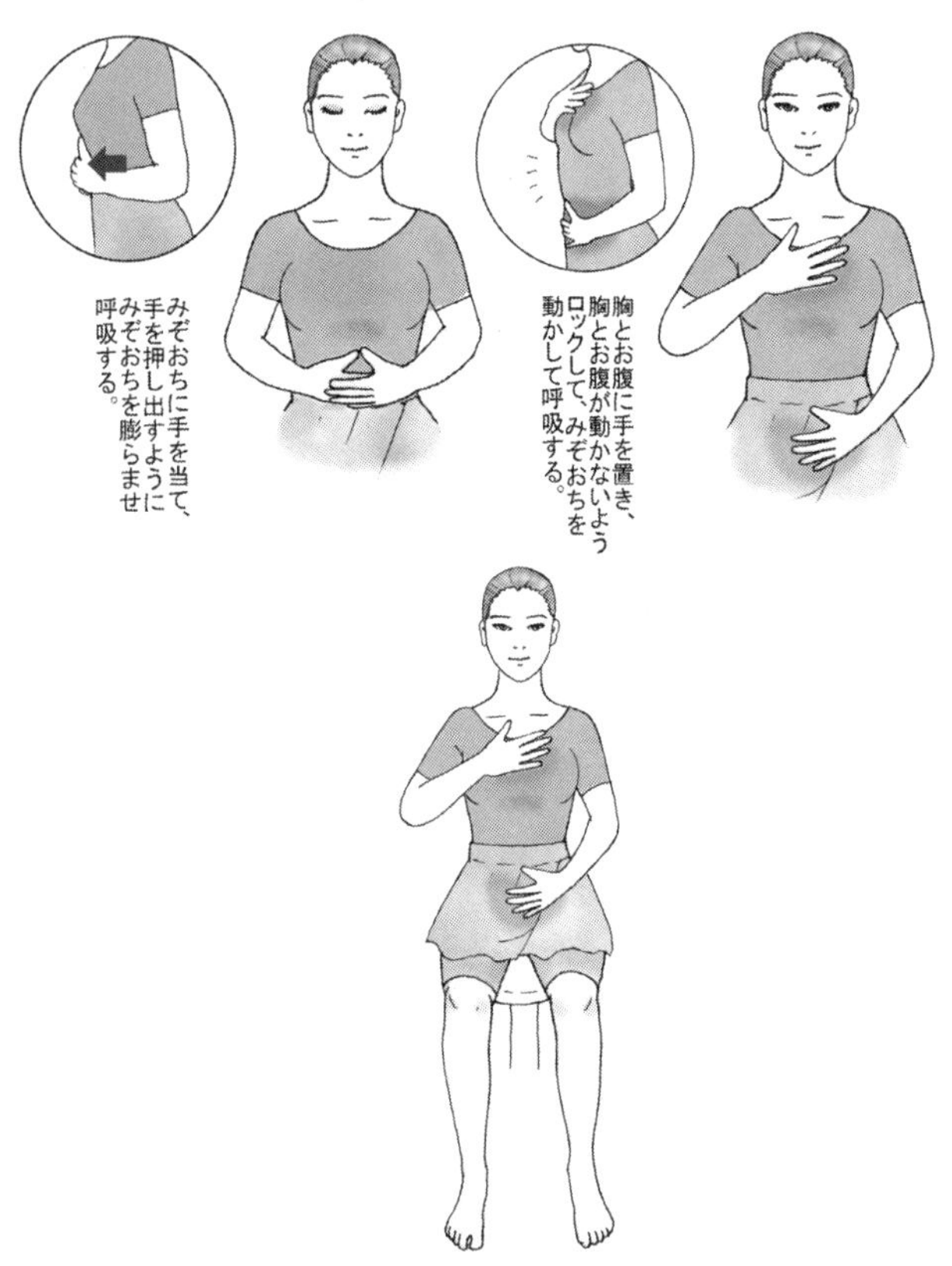

胸とお腹に手を置き、胸とお腹が動かないようロックして、みぞおちを動かして呼吸する。
みぞおちに手を当て、手を押し出すようにみぞおちを膨らませ呼吸する。

図２－２　みぞおち呼吸の練習

準備3．邪氣排出法（声明呼氣）

エナジーを取り込む前に、今、自分の中に溜まっている必要のないエネルギー、波動、想念などをすべて吐き出し、カラッポにします（図3）。

これはトレーニングを行う前に必ず行うようにしましょう。

(1) あごを大きく開けて口をすぼめ、「オ――」という音を出しながら、息を吐いていきます。このとき、「自分の中の悪い想念、邪氣、マイナス思考を、吐く息とともにすべて出す！」とイメージします。音が出なくなるまで息を吐き切ったら「ム」という音で、息を止めます。

※「オーム（ン）」という音は、宇宙ができたときの音だと言われています。

(2) 息をこれ以上吐けなくなった状態から、さらに、絞り出すように「ハッハッハッ」と息を3回吐きます。このとき、腕を胸の前で交差し、肺を押し下げるようにし

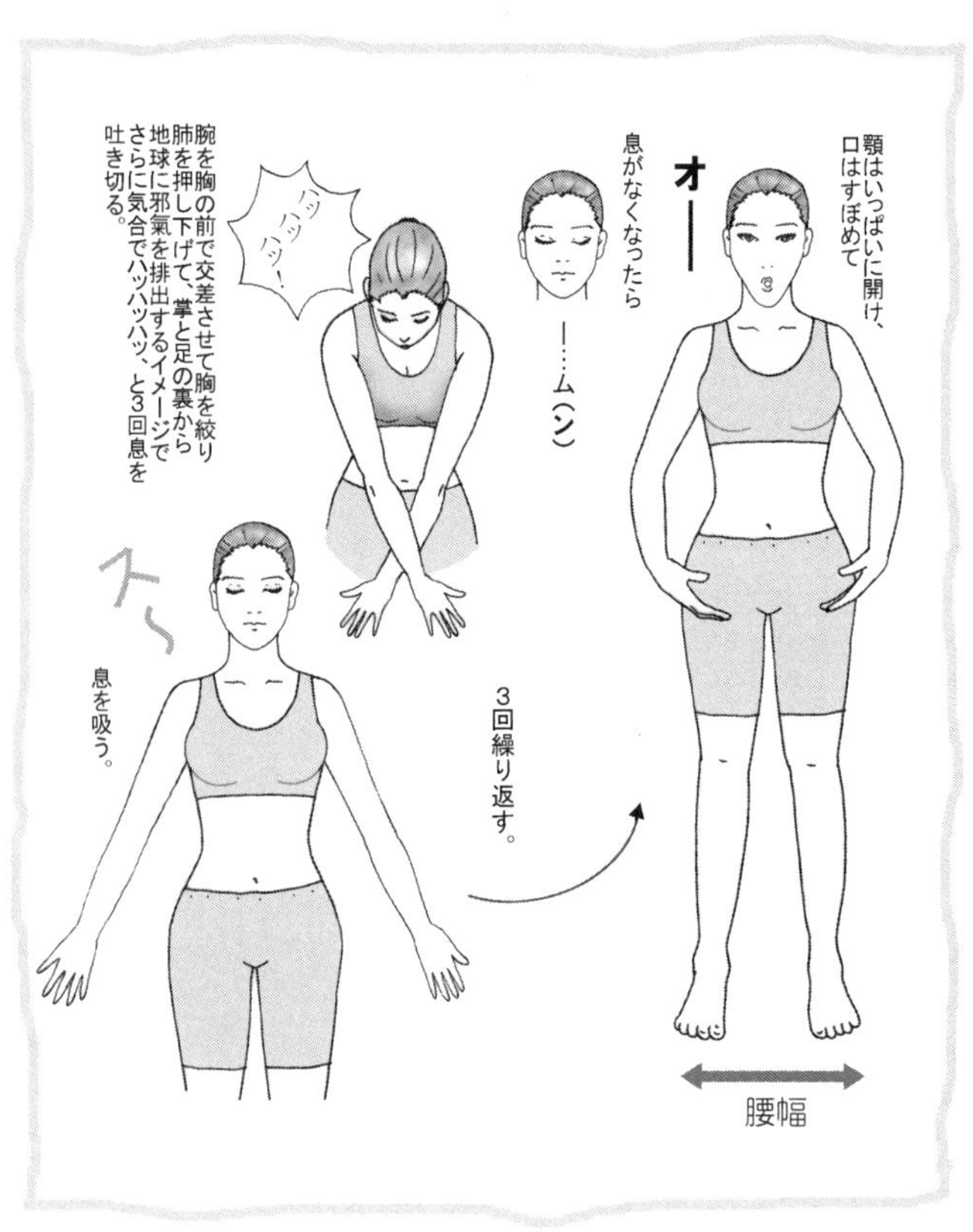
顎はいっぱいに開け、
口はすぼめて
オー
息がなくなったら
ー…ム（ン）
腰幅
3回繰り返す。
腕を胸の前で交差させて胸を絞り
肺を押し下げて、掌と足の裏から
地球に邪氣を排出するイメージで
さらに気合でハッハッハッ、と3回息を
吐き切る。
ハッハッハッ！
ス〜
息を吸う。

図３　邪氣排出法

て、残っている空気をすべて押し出します（声は出ない状態です）。

(3) 大きく息を吸い、呼吸を整えます。(1)と(2)を、3回繰り返したら完了です。

もし、まだ何か残っている感じがしたら、(1)と(2)を、もう3回繰り返しましょう。

それでは、いよいよトレーニングに取りかかりましょう！

1日目のトレーニング

まず、両手の手のひらを胸の前で合わせ、指先同士を1センチくらい離して、ボールをつかんだような形にします。すると、暖かさを感じると思います。そのまま手のひらを離したり、近づけたりを何度か繰り返してみてください。手のひらの間に、吸いついたり、反発したりする感じがすると思います。これが自分の中を流れているエナジーです。

指先や手のひらは、エナジーを一番繊細に感じられるポイントです。エナジーを自分に取り入れる入り口として、また、自分の中に溜めたエナジーを放出し、人や物へのヒーリングを行う出口として、とても重要な部分です。最初はこの手のひらから、自由自在にエナジーを出し入れできるようにトレーニングしていきます。

このトレーニングは、知らない人が見たらビックリするようなものですが、実は一番大切なところ！　ここさえクリアできれば、確実にエナジーを感じ、簡単に取り入れることができるようになります。また、このトレーニングを終えた時点で、いきなり、簡単なヒーリングや食べ物の浄化などもできるようになります。地道なトレーニングですが、楽しみながら頑張ってください！

◆ステップⅠ　エナジーの出入り口を開く（図4）

最初に、手のひらにあるエナジーの氣道を開放します。

(1) まず、両手のすべての指先と、手のひらの中央（労宮）にペンなどで口を描きます。

(2) 描いた口、一つ一つが呼吸しているところをイメージしていきます。自分の呼吸と指先の呼吸を連動させ、自分が息を吸うときに指も吸っている、吐くときに指

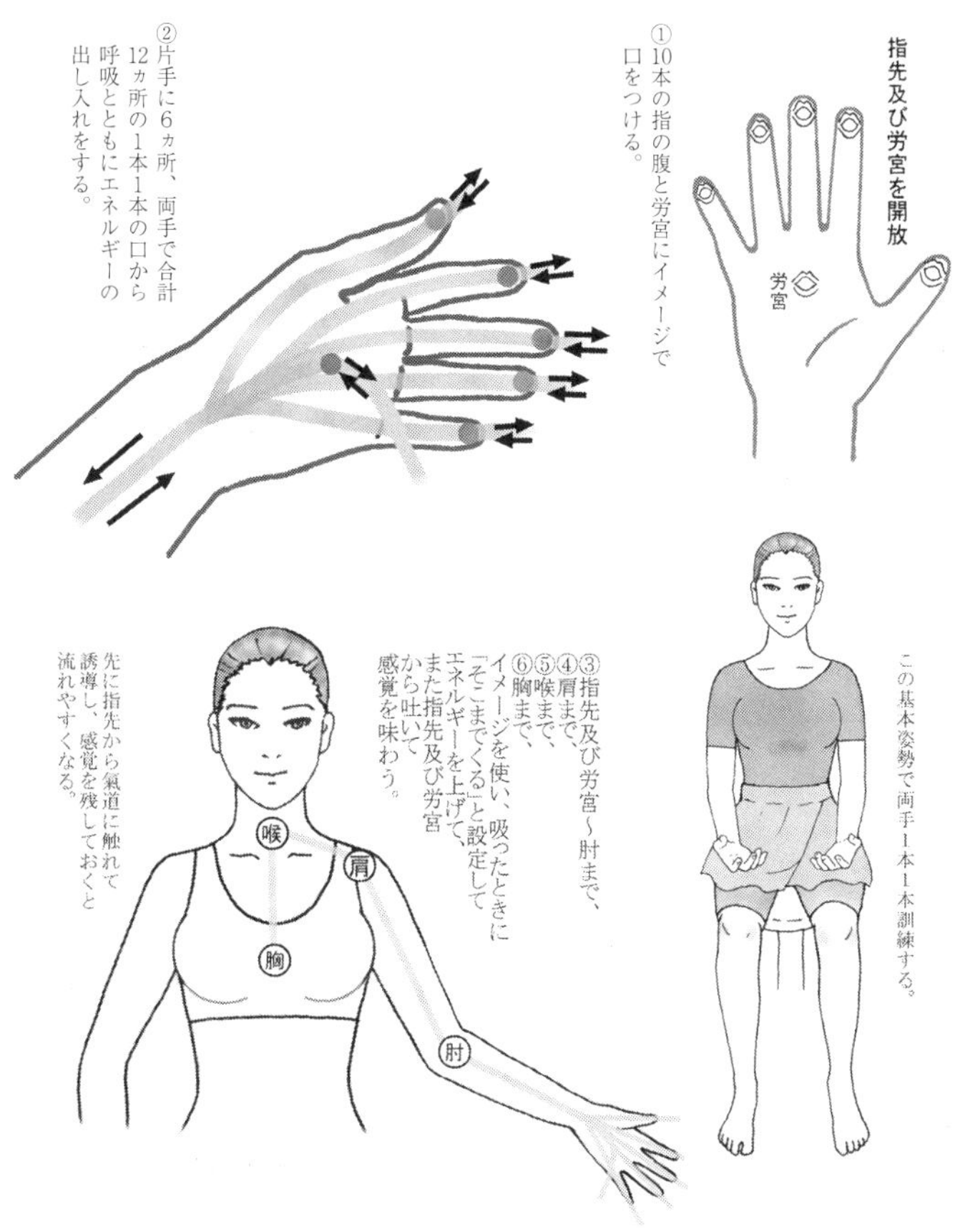
指先及び労宮を開放
①10本の指の腹と労宮にイメージで口をつける。
労宮
②片手に6ヵ所、両手で合計12ヵ所の1本1本の口から呼吸とともにエネルギーの出し入れをする。
この基本姿勢で両手1本1本訓練する。
③指先及び労宮～肘まで、
④肩まで、
⑤喉まで、
⑥胸まで、
イメージを使い、吸ったときに「そこまでくる」と設定してエネルギーを上げて、また指先及び労宮から吐いて感覚を味わう。
先に指先から氣道に触れて誘導し、感覚を残しておくと流れやすくなる。
喉
肩
胸
肘

図４　氣道開放

も吐いているとイメージします。

(3) 描いた口をじっと見ながら、ゆっくりと呼吸をします。一つの口につき10回ほど深呼吸を繰り返してください（ここで大切なのはイメージできるようになるまで繰り返すことで、回数ではありません。もしイメージができれば、10回やらなくても大丈夫です）。指先を自分の呼吸に合わせて少し動かすと、描いた口が動いているように見えて、指が呼吸しているイメージがつきやすいです。

(4) 描いた口が呼吸するイメージができたら、【設定】をします。
例えば、右手の親指が呼吸しているイメージができたら、「設定」と言い（思い）ます。そして、次の指に取りかかってください。

※以降、設定ポイントは【設定】とだけ入れます。

両手の各指と労宮、計12ヵ所に描いた口が呼吸しているイメージができたら、エナジーの出入り口が開いたということ！　今度はそれを使って、エナジーを身体に取り込んでいきましょう。

◆ステップⅡ　エナジーの氣道を通す

今度は取り入れたエナジーを、腕を通して胸（第四チャクラ）、ハートへと流します。ハートは取り込んだエナジーを溜めておく、大切な場所。ハートの位置は、胸の中央です（図5・人体チャクラ全体図参照）。

(1) ステップⅠで描いた口の一つ一つからハートまでを、光ファイバーや、管のようなものが通っているようなイメージで、エナジーを通していきます。
息を吸いながら、光（エナジー）を指先から取り入れ、指先から手、手から肘、肘から肩、肩からのど（第五チャクラ）を経由し、ハートへ送ります。

今度は息を吐きながら、ハートにある光（エナジー）を、ハートからのど、のどから肩、肩から肘、肘から指先へと、入った道を逆にたどって送り出すイメージをします。自分の身体の各部位を、実際に目で追いながら行うと、よりイメージしやすくなります。

(2) 呼吸に合わせ、各指と労宮、それぞれ10呼吸くらい（イメージできるまで）繰り返してみてください。【それぞれの場所を設定】

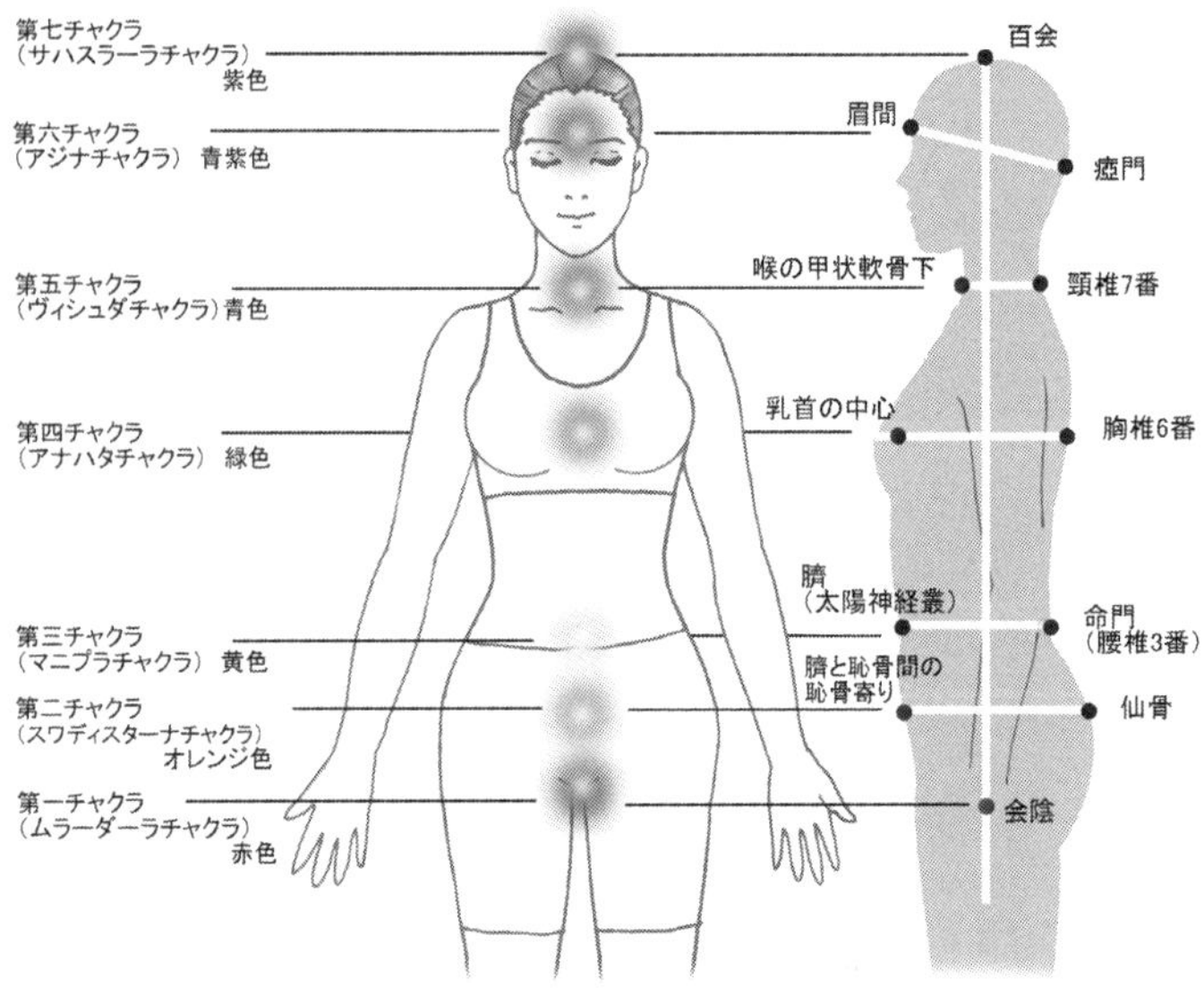

図５　人体チャクラ全体図

※巻末付録【エナジーUP & DOWN シート】の裏面にカラー版があるので、
そちらもご参照ください

(3) 12ヵ所、すべてが終わり、それぞれの口からエナジーがハートまで通せるようになったら、次はエナジーをハートに溜めていきます。

今度は、12ヵ所、すべての口から一度にエナジーを取り込みます。（いっぺんにイメージするのが難しい場合は、片手ずつイメージしてみてください）。吸う息でエナジーを取り入れて、今度は、吐く息でハートにとどまるようにイメージします。

【設定】

呼吸するたびにエナジーが溜まり、ハートがまばゆく光り輝くイメージです。ご自分でハートが一杯になったと思うまでエナジーを取り入れてみてください。敏感な人はこれだけで体調の良い変化を感じられるかもしれません。

(4) トレーニングの前にやったのと同じように、手のひらを1センチほど離して合わせてみてください。最初にやったときよりも、エナジーをずっと感じやすくなっているのではないでしょうか？　手を離したり近づけたりして、エナジーの感覚を味わってください。

(5) 今度は、ハートに溜めたエナジーを手に送って、エナジーのボールを作ります。

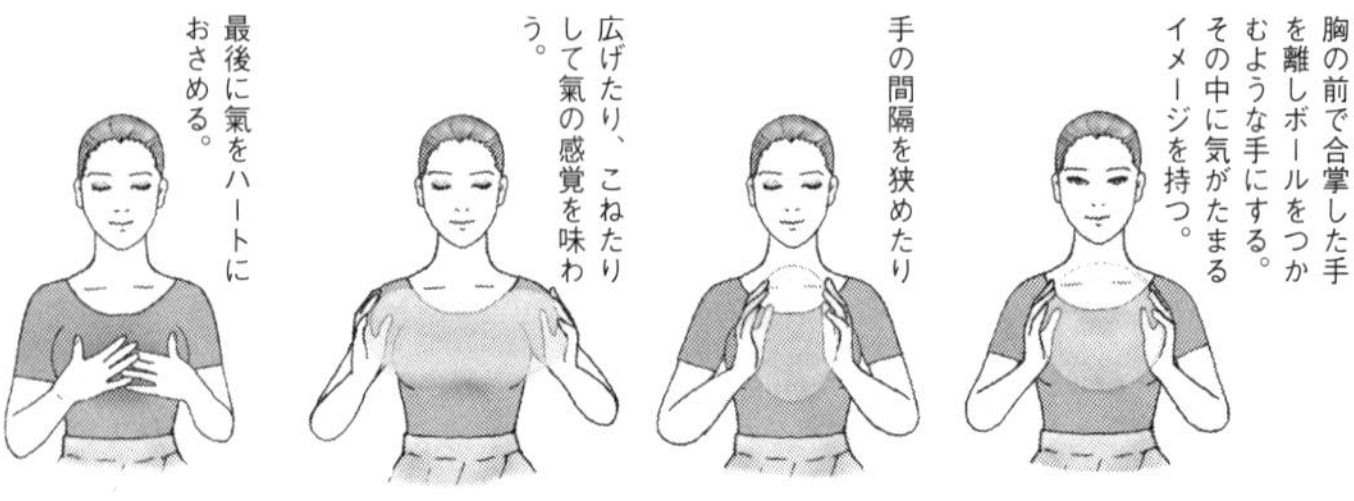

胸の前で合掌した手を離しボールをつかむような手にする。その中に気がたまるイメージを持つ。

手の間隔を狭めたり

広げたり、こねたりして氣の感覚を味わう。

最後に氣をハートにおさめる。

図６　合掌間玉氣法

手をボールをつかむようにして合わせ、手のひらの間にエナジーを溜めていきます。エナジーがボール状になるようにイメージし、その感覚を確かめてください（**図６・合掌間玉氣法**）。

ボール状になったと思ったら、片手に乗せて、重さや、暖かさの違いを感じたり、指先で触って、感じるかどうかを試してみたりしてください。エナジーボールの感覚を十分に確かめたら、ボールを（服の上から）胸に押し込むようにして戻し、１日目のトレーニングは終了です。

これでエナジーの通り道が開き、自由にエナジーを身体から出し入れできるようになりました！

エナジーを扱う際の一番のコツは、常に自分の呼吸と連動させることです。息を吸っているときにエナジーが入ってくる、吐いているときにエナジーを出す、もしくは留める、と設定できていると、実際にヒーリングを始めたとき、とても楽にエナジーを扱うことができます。

最初はエナジーをイメージすることを難しく感じるかもしれませんが、これはトレーニングを続けるうちに、段々と楽にできるようになっていきます。

また、手のひらでエナジーを感じることができなくても、全く問題ありません。見えないけれど、エナジーはあなたがイメージした通りにちゃんと動いています。自分はエナジーをちゃんと扱えていると自信を持って、安心してトレーニングに取り組んでください。

検証！　本当にエナジーを使えているか試してみよう①

1日目のトレーニング終了後にできる、エナジーを扱えるようになったかどうかの検証実験です。ぜひ試してみてください。

【食べ物の浄化】

コーラを二つのグラスに注ぎます。そのうちの一つに、ハートに溜めておいたエナジーを、コーラに手をかざして入れていきます。ハートにあった光が、腕を通って手のひらから出て、コーラを満たしていくイメージです。コーラが光で満たされたと感じたら完了です。

エナジーが入っていないコーラと飲み比べてみてください。きっと味の違いに驚くと思います。もし味の変化をあまり感じられない場合は、エナジーが足りなかったのかもしれないので、もう少しエナジーを足してから、再度飲んでみてください。

味の変化は、エナジーによる浄化作用によってもたらされています（詳しくは後述の第４部「１．無意識レベルの答えが分かる！　筋力テスト」をご参照ください）。

変化が分かりやすいのは炭酸飲料やアルコールですが、それ以外の飲み物や食べ物でも味の変化が出るものがあるので、ぜひ色々試してみてください。

2日目のトレーニング

1日目のトレーニングで、手から取り入れたエナジーを、ハートまで行き来させられるようになりました。これは身体の横のラインにエナジーを通すことができるようになったということです。

2日目のトレーニングでは、縦のラインのエナジーを開いていきます。横と縦（十字）、両方のエナジーのポイントが開けば、文字通り、縦横無尽にエナジーを取り込むことができるようになります。

縦のエナジーラインとは、チャクラのことです（図5〈140頁〉参照）。人間の身体にはエナジーが出入りする場所がたくさんありますが、代表的なポイントがこのチャクラです。

チャクラはオーラにも関係しています。オーラとは、チャクラから出入りしている自分自身のエナジーのこと。よくオーラ占いなどと、オーラの色で性格診断をしていますが、それはそのときに優勢なオーラの色を推測しているだけで、本来はすべての人が7色全部を持っています。

このトレーニングで各チャクラを活性化して、意識的にエナジーを取り入れることで、オーラのバランスを整え、ご自身の体調やメンタルを向上させることにも繋がっていきますので、しっかり取り組んでください。

まずは、各チャクラの氣道をハートに繋げ、エナジーを出し入れします。よく、氣は丹田（へそ下3寸）に集めるべきだという声も聞かれますが、ことエナジーヒーリングや施術に際しては、私の経験上、ハートに集めた方が高い効果が出ます。なぜなら施術には愛が不可欠で、愛を司るのはハートチャクラだからです。

トレーニングは基本的に1日目と同じで、各チャクラのポイントに口をイメージし、そこから呼吸とともにエナジーを出し入れするというものです。地道な作業ですが、エナジーは必ずイメージ通りに動いています。安心して取り組んでください。

◆ステップI　チャクラを開く

(1) 各チャクラ（図5〈140頁〉参照）のポイントに、それぞれ口が付いていることをイメージします（今回は実際に口を描かず、口がそこにあるとイメージするだけで大丈夫です）。

各チャクラのポイント部分を実際に触ったり、タッピングしてみたりすると、場所が分かり、イメージしやすくなります。触りながら、「ここに口がある」と、自分で確かめ、それぞれが呼吸をしているとイメージします。【設定】

(2) 本書では、胴体の一番下に位置する第一チャクラから始め、女性は前半身から上へ、男性は後半身から上へ、身体を一周するようにポイントを開いていきます。これは氣功の奥儀「小周天氣功法」に沿ったもので、性別によってエナジーの回転方向が違うためです（図7〈148頁〉参照）。

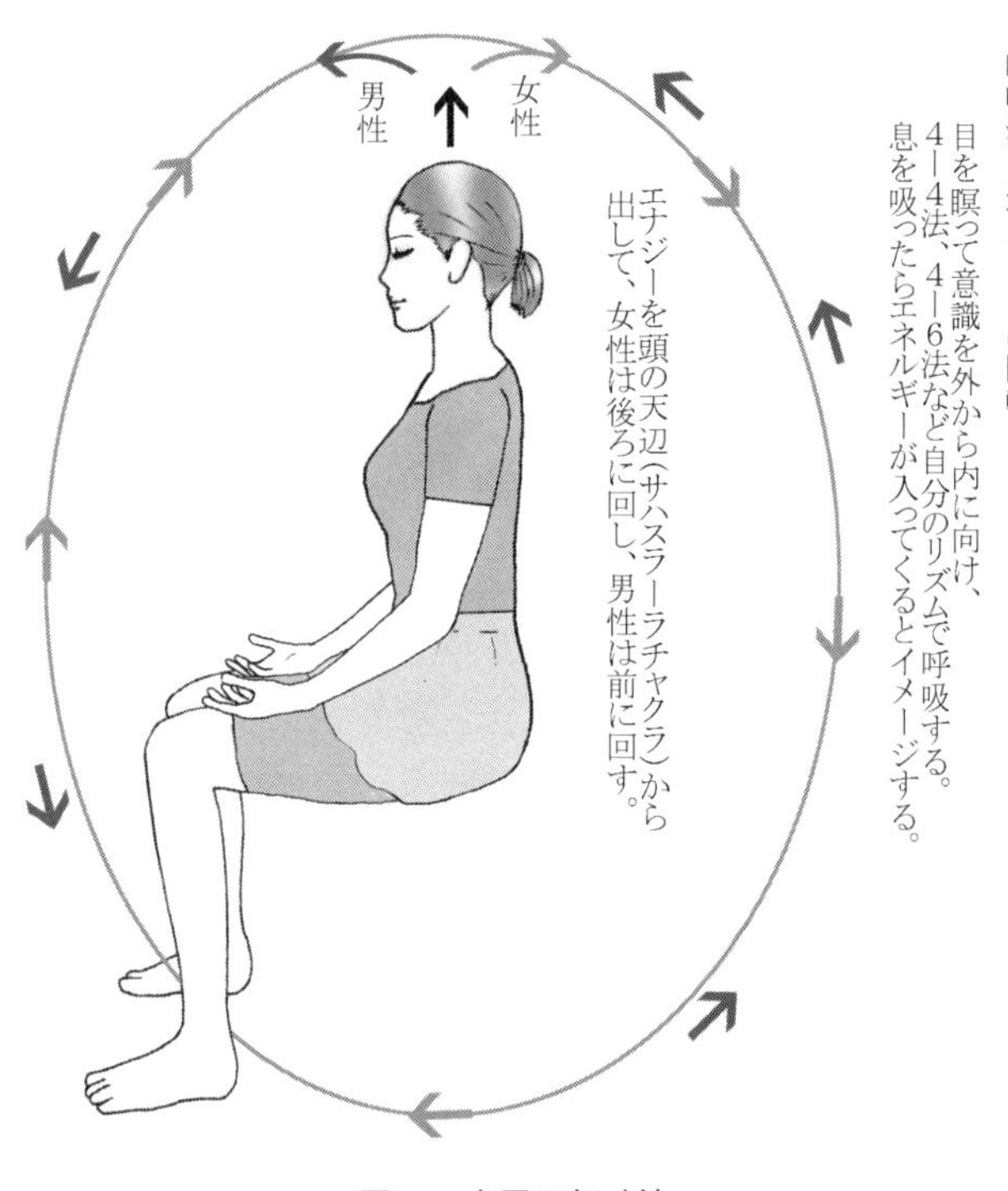
呼吸法とエナジーーの回転
目を瞑って意識を外から内に向け、
4ー4法、4ー6法など自分のリズムで呼吸する。
息を吸ったらエネルギーが入ってくるとイメージする。
エナジーを頭の天辺（サハスラーラチャクラ）から
出して、女性は後ろに回し、男性は前に回す。
男性
女性

図7　小周天氣功法

◆ステップⅡ　各チャクラの氣道を通す

(1) 各チャクラの場所に口がイメージできたら、ハートを経由して、エナジーを出し入れしていきます。

第一チャクラの場合、チャクラの口（会陰）からハートまでを、一本の太い管が通っているイメージです。吸う息で会陰からエナジーを取り込んでハートに送り、吐く息でハートから会陰へと出していきます。イメージできるまでそれぞれのチャクラで、各10呼吸ほど繰り返してください。【設定】

(2) 先程と同じ順番で、第一チャクラから順に、息を吸いながらエナジーを取り込んでハートに送り、今度は、吐きながらエナジーが溜まるようにイメージします。

【設定】

チャクラ１ヵ所につき、１呼吸ずつ、順番にエナジーを取り入れてみてください。

何周か、身体を廻るようにエナジーを取り入れていき、ハートがエナジーで一杯になったと感じたら、２日目のトレーニングは終了です。

12ヵ所、すべてのチャクラのポイントがハートに繋がるイメージができたら、縦のエナジーラインが開いたということです。このエネルギーのパイプが繋がることで、より多くのエナジーを取り入れることができるようになりました！

このパイプは、トレーニングを繰り返すたびにどんどん太くなり、自由自在にエナジーを取り入れることができるようになります。

１日目の最後に作ったエナジーのボールを、ぜひ今の状態でも作ってみてください。きっと１日目よりも凝縮されたボールが作れるようになったことを、ご自身で感じられると思います。

まだまだエナジーをイメージすることが難しいと感じられる方もいらっしゃると思いますが、心配はいりません。トレーニングを重ねるうちに、イメージすることはどんどん簡単に、自然にできるようになっていきます。

また、一日分のトレーニングが一度にできない場合でも、ご自分で切りの良いところで何回かに分けてトレーニングしていくことも可能です。

大切なのは、自分はエナジーを使えていると信じること、そして、少しずつでもよいので、諦めずにトレーニングを重ねていくことです！

検証！ 本当にエナジーを使えているか試してみよう②

2日目のトレーニング終了後にできる、エナジーを扱えるようになったかどうかの検証実験です。ぜひ試してみてください。

【身体の痛み取り】

家族や友人で、肩のこった人に実験台になってもらい、揉んだり叩いたりせずにエナジーだけで肩こりが癒せるかどうかを試してみましょう。

まず、肩を触って、痛みやコリのある場所を探します。弱った部分（痛みのある部分）が見つかったら、その筋肉に対して、直角に「コリ、コリ、コリ」と指先を3回動かし、脳に痛みを認識させます。

次に、痛みがある部分に手を当て、自分の中（ハート）に取り込んでおいたエナジーを、患部に注ぐことをイメージします。手は動かさず、ただ当てるだけです。

患部がエナジーで満たされたと思ったら完了です。最初に痛みを確認したのと同じ強さと方法で患部を触ってみてください。きっと筋肉が柔らかくなり、痛みが取れているか、だいぶ和らいでいることと思います。

８割がた痛みが取れれば成功です。まだ痛むという場合は、引き続きエナジーを入れてみてください。段々と痛みが小さくなっていくと思います。

コツは、最初に脳に、弱った部分を認識させることです。痛みのある場所を触り「ここが弱っている」と脳に分からせると、エナジーが入ってきたとき、脳が勝手にエナジーを治癒力に変え、癒していくからです。

これは、肩こり、筋肉痛など、色々な場面で使える、基本のヒーリング法です。ぜひ色々と試してみてください。

3日目のトレーニング

2日間のトレーニングで、横と縦（十字）、両方のエナジーラインが開き、身体の全方向からエナジーを取り入れることができるようになりました。

3日目のトレーニングでは、いよいよその取り入れたエナジーを使い、人や物、そして自分自身を癒すトレーニングをしていきます。

最初は、取り込んだエナジーを自分の身体の中で循環させ、自分の体調やメンタルを整えるトレーニングをします。次に、エナジーを取り入れながら、同時に放出し、人や物に与えるトレーニングをします。

ここができるようになれば完成です！　頑張ってください！

◆ステップⅠ　横ラインのエナジーを循環させる

(1) １日目のトレーニング、ステップⅡの復習から再開しましょう。
両手の指先と労宮、すべての口から同時にエナジーを取り込み、ハートに溜めていきます。十分に溜まったら、エナジーボールを作ります。

(2) 次は、エナジーを回していきます。作ったエナジーボールを右手の中に押し込み、自分の腕の中を、右手から右肘、右肘から右肩、右肩からのどを通ってハートに持って行き、今度は、ハートからのど、のどから左肩、左肘、左手を通り、また右手へと回していくイメージをします。
ボールの動きをイメージしながら、実際に自分の腕や肩を目で追うとイメージしやすいです。また、このときの両手は、エナジーボールを持っていたときと同じ、手のひらを少し離したまま向き合わせておきます。

最初はゆっくりと、確実に各ポイントを通って回るようにイメージし、できるようになったら【設定】します。

(3) エナジーボールが腕の中をグルグルと回るイメージができたら、今度は回転のスピードを上げていきます。スピードが上がるつど、エナジーのパワーも上がっていくので、このトレーニングをすることで、より多くのエナジーを取り扱えるようになります。

トレーニングを重ねて、最終的にはCDプレーヤー並に高速回転しているイメージができると上出来です（そこまで速くなくとも大丈夫ですが）。高速回転できるようになったら【設定】します。

(4)
ボールの回転を徐々にゆるめ、最後は両手の間で止めてください。手にボールを持っている感覚、もしくは暖かいものを持っている感触がしますか？　そうしたらボールを胸に押し込むように戻して、横ラインの循環は終了です。

◆ステップⅡ　縦ラインのエナジーを循環させる

(1)
2日目のトレーニング、ステップⅡの復習から再開しましょう。

第一チャクラから順に、すべてのチャクラで1呼吸ずつエナジーを取り入れ、排出していきます。吸う息でチャクラからエナジーを取り込んでハートに送り、吐く息でそのチャクラから出していきます。各チャクラとハートを繋げている管を、エナジーを出し入れすることで掃除していく感じです。

全部で5分間ほど練習してください。

(2)　次はエナジーを回していきます。第一チャクラから順番に1ヶ所ずつやっていきます。まず、吸う息で第一チャクラからエナジーを取り入れ、一旦ハートへ送ります。ハートまで持ってきたエナジーを、今度は吐く息で頭の天辺まで移動させます（このとき、エナジーをボール状にイメージするとやりやすい）。今度は、吸う息でエナジーを第七チャクラから出し、吐く息で女性は後ろに、男性は前に、正中線上を回るようにイメージします（**回る方向は図7・小周天氣功法（148頁）参照**）。

(3)　第二チャクラ、第三チャクラと、各チャクラでも同じようにしていきます。それぞれのチャクラ、一つ一つから、吸う息でエナジーを取り入れてハートに送り、吐く息でハートから頭頂へ動かし、吸いながら第七チャクラから出して、吐く息で身体の周りを回るように送り出します。【設定】

身体の正中線の上を、いくつものエナジーボールがグルグルと回っているイメージができたでしょうか？　この縦ラインが生命エネルギーの元で、誰でも、何もしなくとも、常にここにエナジーが回っています。このトレーニングをすることでその精度が高まり、ご自身のメンタルも体調も整えられていきます。

疲れやストレスなどを感じたら、正中線上を、女性なら身体の下から上へ、男性なら上から下へ、エナジーを回すことをイメージしながら、手で縦ラインを動かしてやるだけで、不快感が少し和らいでいきます。エナジーを整えたいときに、ぜひ試してみてください。

◆ステップⅢ　チャクラからエナジーを取り入れ、手から出す

次は、エナジーの出し入れを同時に行うトレーニングです。すべてのチャクラからエナジーを同時に取り入れてハートに通し、ハートから手へと出していきます。

これは、人や物のヒーリングには欠かせないスキルです。あともう少し、頑張って

ください ね！

⑴吸う息ですべてのチャクラから同時にエナジーを取り入れてハートへ通し、吐く息でそれぞれのチャクラからエナジーを放出するイメージをします。【設定】
すべてのチャクラを同時に扱うことに慣れないうちは、イメージしやすいように、少しずつトレーニングしてみてください。例えば、最初は第一チャクラと第二チャクラだけやって、次は第一、第二、第三チャクラまで同時にやる、というように、徐々に同時に扱うチャクラを増やしていく感じです。

⑵すべてのチャクラから同時にエナジーが取り込めるようになったら、今度はそれを手のひらから出していきます。
吸う息ですべてのチャクラからエナジーを取り込んでハートへ送り、吐く息でハートから手へと出し、エナジーボールを作ります。【設定】
エナジーボールができたら、その感触を確かめ、胸へと戻してトレーニングは完了です！

これでエナジーの取り込みと放出が同時にできるようになりました。今までは、エナジーを一旦ハートに溜めておいて使う、というやり方でしたが、これからは溜めておく必要がなくなり、いつでも必要なだけ取り込んで使う、というやり方でエナジーが扱えます。

これですべてのトレーニングの基本編が終了しました。大変な作業だったと思いますが、よく頑張りましたね！　ここまでできれば、もう十分にエナジーを使ったヒーリングが行えます。日常生活で役立てる方法の章を読んで、どんどん実践していきましょう！

☆巻末付録【エナジーUP&DOWNシート】の使い方

本書巻末に、エナジーのパワーが実感できる特製シートをご用意しました。

手のひらにマークが描かれているのが【エナジーUP】側、手の甲にマークが描かれているのが【エナジーDOWN】側です。

まずは試しにそれぞれの側にお好きなもの（例えば、ペットボトルやペンケースなど、なんでもOK）を載せて10秒ほど待ちます。

次に、そのものを手にして、１８２頁〜の方法で筋力テストを行ってみます。UP側ではしっかり力が入り、DOWN側では逆に力が抜けてしま

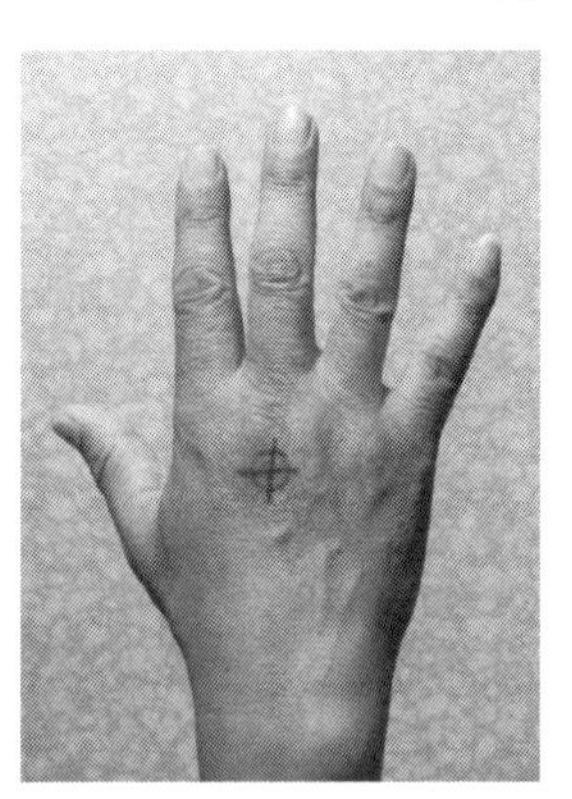

【エナジーDOWN】側

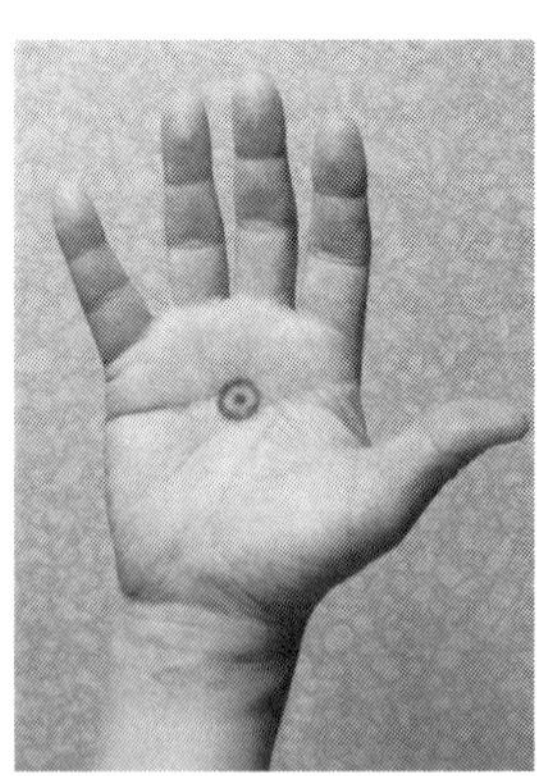

【エナジーUP】側

うことが分かると思います。

エナジーの変化が確認できたら、実生活のいろいろな場面で、このシートを試してみましょう！

このシートの【エナジーＵＰ】側を使いますと……

◇ペットボトルや市販のお菓子を上に置けば、お水や食品のエナジーの浄化がすぐに可能！

◇疲れたとき、他人から悪い氣をもらってしまったときなどに手を置けば、一瞬で気分がクリアに！

◇パワーストーンやオラクルカード、お財布、お金などのパワーチャージにも！

不思議でパワフルなエナジーの力、ぜひ楽しく遊びながら身につけてください。

第3部

エナジーの取り扱い方【応用編】

第3部では、エナジーをより効果的に使えるようになるための、プラスアルファーのトレーニングを紹介します。扱うエナジーの量を増やしたい場合や、エナジーの滞りを感じる場合などに、積極的にトレーニングに取り入れてみてください。

1. 脊柱通氣法

背骨を柔らかくして、エナジーが通りやすくする方法をいくつかご紹介します。これらを行うと、背骨を通る脊髄神経の働きが良くなるので、不調を感じているときなどは、これだけで爽快感が得られます。

背骨が柔らかくなると、縦のラインのエナジーの滞りが解消されるので、エナジーのめぐりが良くなります。余裕があればトレーニングの前に準備体操として取り入れることをおすすめします。

◆スワイショウ（図8）

体内のエナジーの流れをよくする方法です。トレーニングを始める前に行うと身体全身がほぐれ、エナジーを取り込みやすくなります。

(1) 足を肩幅に開いて立ち、両腕の力を抜いて、腰を左右にひねります。それにともない上半身がねじられ、両腕がブラブラと身体の周りにまとわりつく感じです。このとき、腰をひねることを一番に意識し、腕は自然に動くに任せます。

(2) ご自分で身体がほぐれたと感じたら終了です。

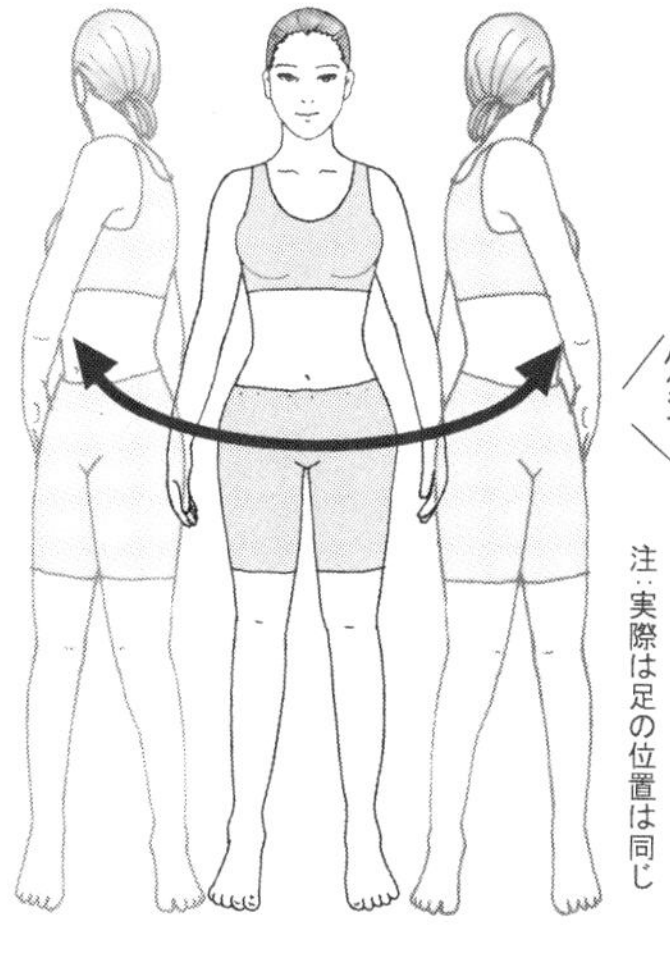

腰幅に立ち、その場で腰を旋回することによって、
腕は自然に広がり、身体にまとわりつくようになる。
左右に交互に旋回する。
パタン！
注：実際は足の位置は同じ

勢いがついてくると旋回が大きくなり
腕の開きもねじりも大きくなる。
パタン！

図8　スワイショウ

◆鶴・亀

立位、または座位のどちらでも、ご自分のやりやすい方で行ってください。

腰かける場合は、バランスボールか、エアークッションがあると、より一層効果的に行えます。

鶴と亀、両方のポーズをセットで行います。

・鶴のポーズ（図９）

あごの先で、下から上へと縦の円を描くようにして背中を動かしていきます。

(1) 真っすぐに姿勢を保った状態から、前かがみになるように腰を丸めます。
(2) 腰を曲げた姿勢を保ったまま、次に背中を丸めます。
(3) 腰と背中を丸めたまま、今度は首を丸めて、あごを引きます。そうすると全身が丸まった状態になります。
(4) 最初に腰を伸ばし、次に背中を伸ばし、最後に首を伸ばしてあごを上に向けます。

この順番で背中を波うたせていく感じです。

(5) (1)～(4)を繰り返しスムーズに行えるようにしましょう。もしイメージができにくい場合は、あごの先がショベルになったつもりで、穴を掘っているイメージを持ちます。背中がほぐれたと感じるまで繰り返します。

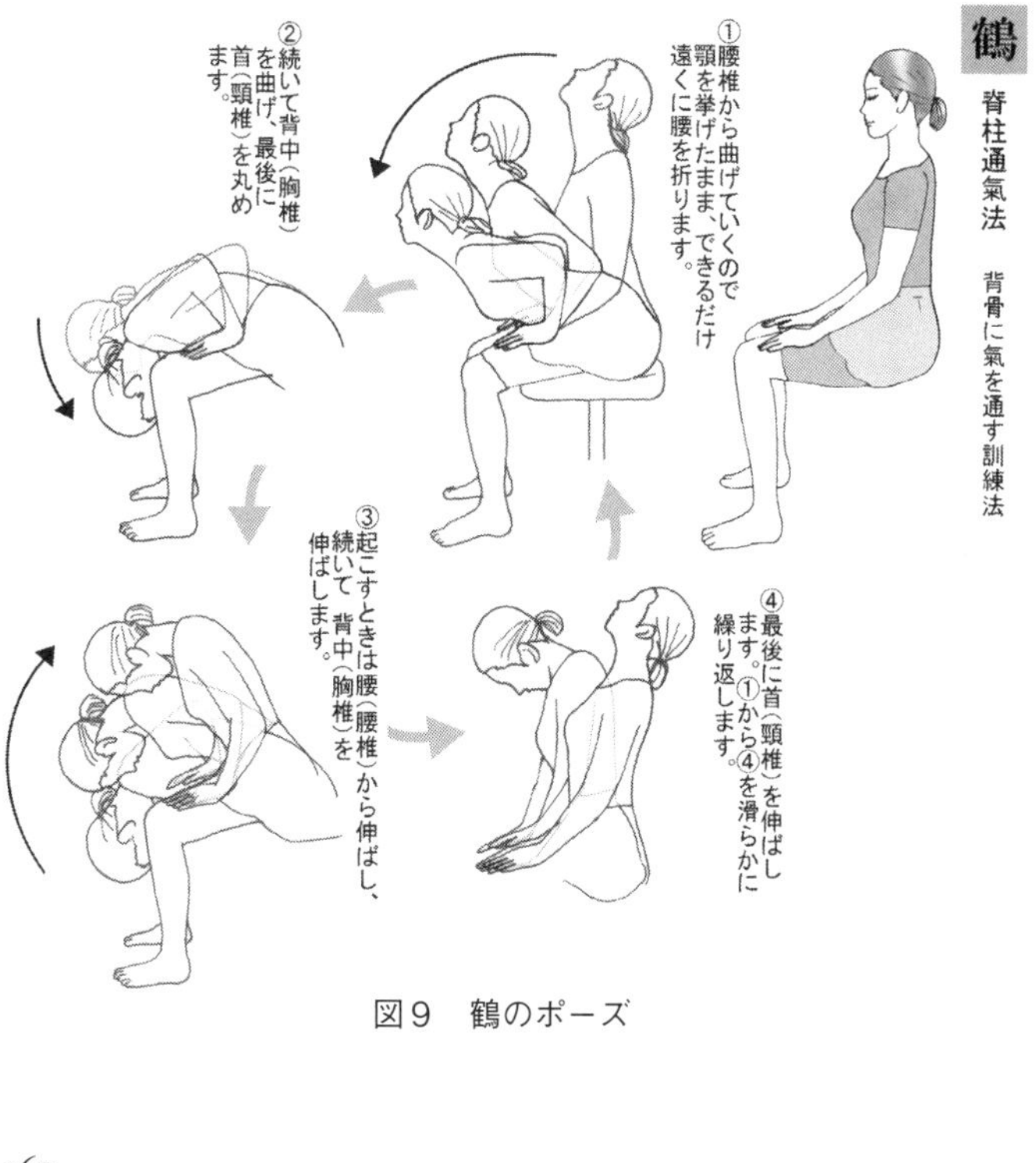

図９　鶴のポーズ

・亀のポーズ（図10）

鶴のポーズと逆方向に背中を波うたせます。亀が水中へ首を引っ込め、また水中から顔を出す感じです。

(1) 真っすぐに姿勢を保った状態から、あごを引くように首を丸めます。

(2) 首を丸めたまま、今度は背中を丸めます。

(3) 首と背中を丸めたまま、今度は腰を丸めて、前かがみになります。全身は丸まった状態です。

(4) 最初に首を反らせるようにあごを前に突き出し、次に背中を反らし、最後に腰を反らせるようにします。

(5) (1)〜(4)を繰り返します。慣れてくると、亀が水中から顔を出し入れしているような動きになります。背中がほぐれたと感じたら終了です。

亀
脊柱通氣法　背骨に氣を通す訓練法
①頭（頸椎）を前に丸め
②背中（胸椎）、腰（腰椎）を順に丸める。（椎骨を上から順に折っていく）
③完全に頸椎、胸椎、腰椎が丸まった状態から
④亀が水から首をもたげるように頸椎から起こし
⑤背中（胸椎）、腰（腰椎）の順に起こしていく。
⑥再び頸椎を丸め、①から⑤を滑らかに繰り返す。

図10　亀のポーズ

◆撼天柱（図11）

頭頂部を固定したままヘソを前後左右に円を描くように回す訓練で、座った状態で行います。エアークッションがあると簡単にできるので、お持ちの人は使ってください。

慣れるまではゆっくりと行ってください。背骨が柔らかくなり、これがスムーズにできるようになると、エナジーも強力に動かせるようになります。

(1) 椅子に浅く腰かけます（結跏趺坐、又はあぐらを組んで座ってもよいです）。頭を真っすぐに保ち、足は肩幅に開き、肩の力を抜きます。

(2) 頭頂部を動かさないように意識しながら、へそを回転させるようなイメージで行います（左右、どちらから始めてもかまいません）。

右回りの場合、まずへそを右側に移動させます。次はへそを後ろへ移動させて背中が丸まった状態にし、今度はへそを左側に移動させ、最後はへそを前に突き出し背中を反らせる、というように動かしていき、それらをなめらかに行うことで、へそが円を描くように回すことができます。

背骨の動きを意識して、身体全体を湾曲させせたり、伸ばしたり丸めたりするイメージです。

(3) 左回りも同様に行います。

(4) 両方向にへそを回せるようになったら、今度は首の動きもつけます。頭頂部の位置は固定して、あごだけを動かして、へそと同じ方向に円を描くように動かします。

(5) (1)~(4)を、身体がほぐれたと思うまで行います。左右、同じ回数ずつ行いましょう。

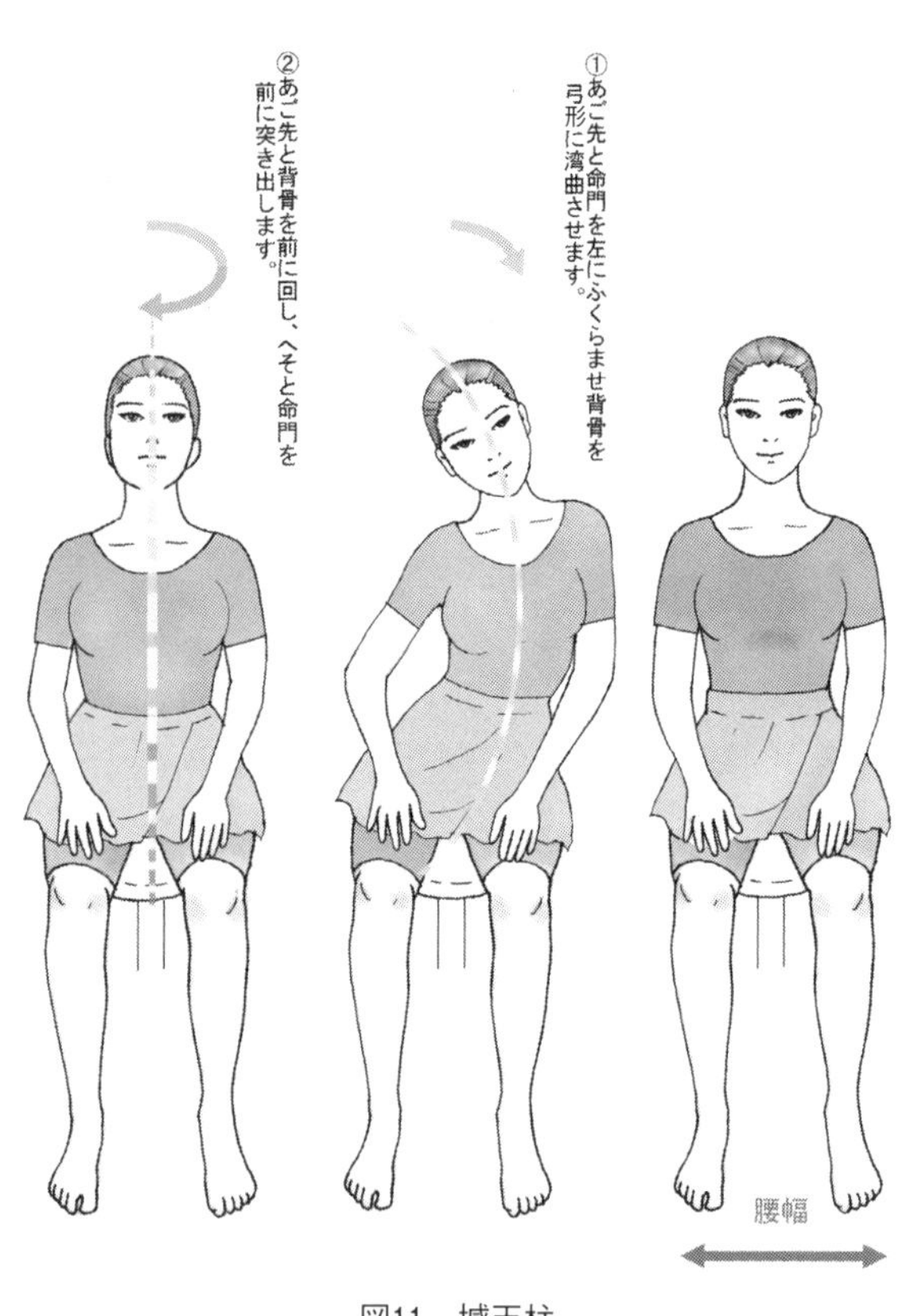
①あご先と命門を左にふくらませ背骨を弓形に湾曲させます。
②あご先と背骨を前に回し、へそと命門を前に突き出します。
腰幅

図11　撼天柱

1．脊柱通氣法

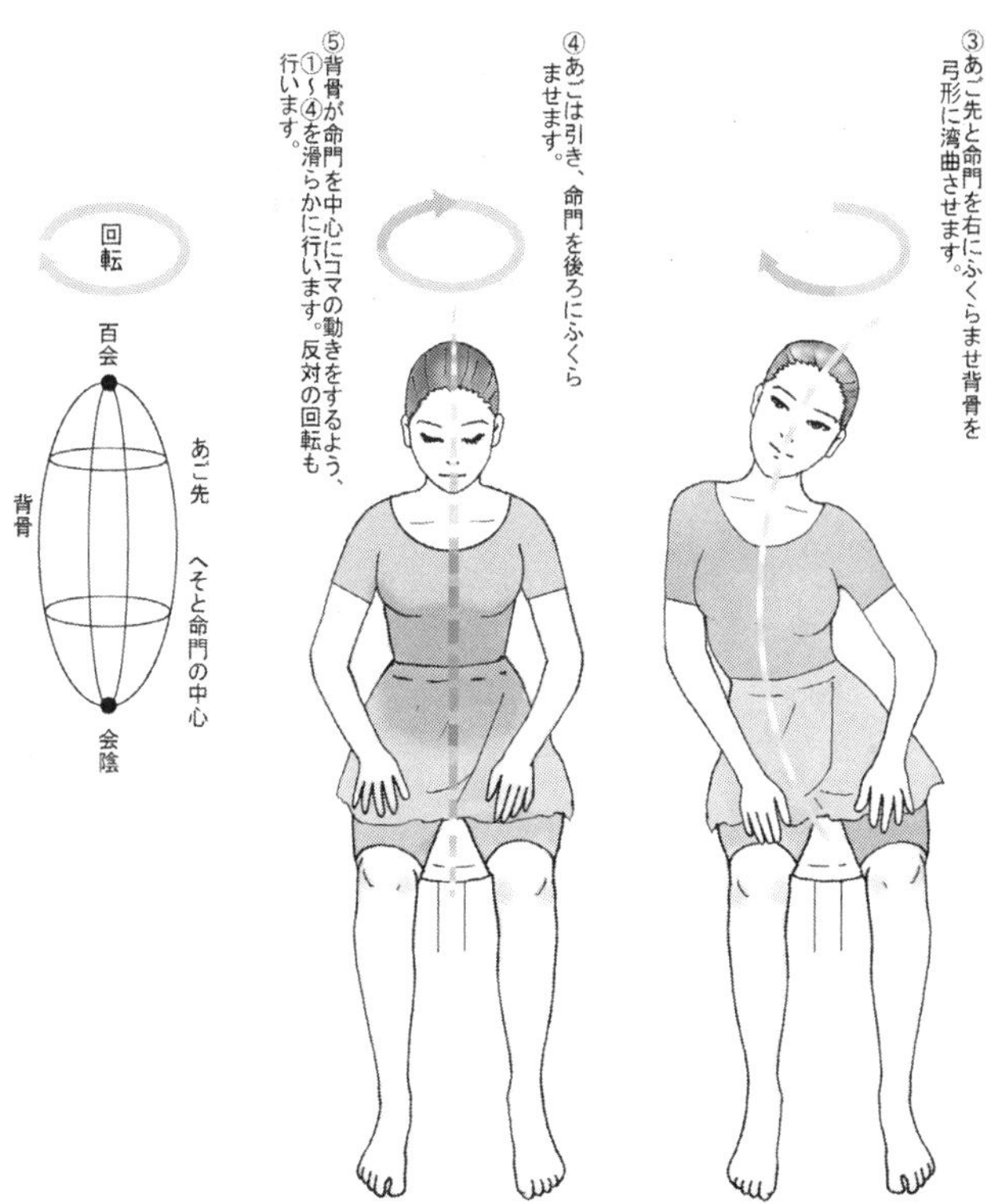
③あご先と命門を右にふくらませ背骨を弓形に湾曲させます。
④あごは引き、命門を後ろにふくらませます。
⑤背骨が命門を中心にコマの動きをするよう、①～④を滑らかに行います。反対の回転も行います。
回転
百会
あご先
背骨
へそと命門の中心
会陰

2. 瞑想法

エナジーヒーリングのトレーニングに瞑想を取り入れると、とても効果が上がります。それは、メンタルを安定させることで思考がすっきりし、トレーニングにより集中できるようになるからです。本書では基本的な瞑想法と呼吸法をご紹介します。余裕があるときに行ってください。

◆ヴィパッサナー瞑想（図12）

前述した脊柱通氣法（鶴・亀、撼天柱）を訓練した後で行うと、速い呼吸からゆっくりした呼吸へと落ち着いてくるので、入りやすいと思います。

(1) 命門を開くように、腰を真っすぐにしてイスに座ります（結跏趺坐、又はあぐらを組んで座ってもよいです）。

⑵目を閉じ、肩の力を抜いて手のひらを上に向け、太ももの上に置きます。

⑶4・4法、4・6法など、ご自分のやりやすい呼吸法で呼吸をします。

⑷自分の呼吸だけに意識を集中します。頭の中にさまざまな思いが湧いてきたら、それをただ認識だけします。
※例えば、「あれ、やらないと……」とか「あ、今、外でクラクションが鳴った！」とか「お腹空いたなぁ」など、絶え間なくランダムに浮かんでくる思いを、「今、自分はあれをやらないと、と思った。外のクラクションに気づいた。お腹が空いたと思った」と、一つ一つ認識するだけです。【思考のラベリング】
⑸目の前に川が流れていることをイメージし、ラベリングした思考を、その川に流します。流したら、また呼吸に意識を集中します。

⑹思考が湧いてくるたびにラベリングし、川に流すを繰り返します。楽しかったこと、嫌なこと、過去の思い出、未来への不安など、さまざまな思考が浮かぶと思いますが、反省や後悔など、自分の感情を乗せる必要はありません。ただ「こういう思考が出てきたんだな」と冷静に受け止め、淡々と川に流してください。

座り方は椅子でもよいし、
結跏趺坐、半結跏趺坐でも
よい。このときは、
女性は右足が上、
男性は左足が上。
人差し指の爪を
親指で軽く
押さえる

図12　ヴィパッサナー瞑想

(7) 10分間ほど行って、終了します。頭と心の静寂が得られると思います。

注意：意識を呼吸に集中して行わないと、幻覚に惑わされたり、魔界に連れ込まれたりするので要注意です。そのようなときはすぐにやめて、仕切り直しましょう。

◆火の呼吸法

身体に疲れが溜まっているときや、エナジー不足を感じたときに行いましょう。速く呼吸することで酸素が十分に身体に取り込まれ、強力なエナジーも吸収することができて、全身が活性化します。

みぞおち呼吸を行い、鼻のみで息を強く一瞬で吐き出していく呼吸法です。

(1) 結跏趺坐かあぐらを組んで座り、目を閉じます。命門を開くように、腰を真っすぐ保ちます（イスでやる場合は、浅く腰かけ、足は肩幅に開きます）。

(2) みぞおち呼吸を使い、一瞬で息を吐き出す感じで、鼻から、フンッ、フンッ、フンッ、フンッと音を立て、息を強く押し出すように吐いていきます。最初は2秒に1回くらいのペースで吐きます。慣れてきたらペースを上げ、1秒に2回息を吐きます。吸う息は吐く息の反動で入ってくるくらいに留めます。

(3)　この呼吸を3分間行います（長くやると頭がクラクラしてくるので、ご自身の体調によって行う時間は調節してください）。その後、楽な呼吸に戻し、静かに身体に意識を向けて呼吸を整えます。

応用編に挙げた訓練法は、必ずすべて行わなければいけないものではありません。ご自分に合ったものを見つけ、必要に応じて取り入れてみてください。

ここに挙げたものは、それ一つだけをやっても、心身ともに向上できる素晴らしい訓練法ばかりです。トレーニングとしてだけでなく、日常でちょっとした不調を感じるときなどにも、ぜひ、活用してみてください。

第4部

日常生活でエナジーを役立ててみよう【実践編】

1．無意識レベルの答えが分かる！　筋力テスト

この章では、使えるようになったエナジーを、いかに日常生活に取り入れるかを、具体的に例を挙げて説明していきます。

最初に、本書の目的の一つである、「エナジーの存在を確認しながら日々に取り入れること」が実行できる「筋力テスト」のやり方をご紹介します。

Oリングテストとしてご存じの方もいらっしゃると思いますが「筋力テスト」とは、身体の筋肉と神経の伝達の強弱を測ることで、検査にかけた項目が自分に合っているかどうかを判定する検査のことです。

もともとはアプライドキネシオロジー（応用運動機能学）が提唱し、代替医療の世界で古くから使われてきた技法です。

この検査ができるようになると、実にさまざまなことに利用できます。単に自分に

合う食べ物や持ち物を調べたり、決めたりするだけでなく、自分では意識できていない心の状態なども検査できるからです。

悩みがあって、自分では決められないとき、例えば、Ⓐにしようか Ⓑにしようか迷っているときなど、「Ⓐにする」と声に出し（心で思うだけでも大丈夫です）検査すると、自分が潜在意識で出している答えを知ることができます。

また、エナジーがきちんと入っているかどうかを確認するときも、この方法を使います。調べたい物を、まずは何もしていない状態で合うかどうかを調べ、合わないと出たときは、エナジーを入れることにより、自分に合ったものに変えることができます。

ここでは二人一組でやる方法と、一人でもできる方法の二つをご紹介します。慣れるまでは、二人一組でやる検査の方が、結果が分かりやすいのですが、原理はどちらも同じです。ぜひ色々なことに使ってみてください。

◆二人一組でやる筋力テスト方法（図13）

(1) 検査を受ける人（被験者）は、親指を立てて、肘を伸ばし、腕を身体の前に真っすぐに伸ばします（腕と身体の角度を直角にします）。
(2) 検査を行う人（試験者）は、被験者の横に立ち、人指し指と中指の２本の指を、被験者の手首のあたりに置きます。
(3) 両者の筋力の強さを測ります。被験者は腕を上に上げるように力を入れ、試験者は２本の指で、被験者の腕を下げさせるように押します。
試験者が、「腕を上げて」など、切っかけになる言葉をかけ、被験者に力が入ったことを確認して、試験者が力を入れます。二人の力が拮抗している状態を２秒間ほどキープし、被験者の通常の状態での力の強さを憶えておきます。
(4) 検査してみたい物を被験者が持ちます（胸の上に当てて持つと、より結果が分かりやすく出るので、持てる物は胸の前で持ちます）。
(5) (3)と同じようにして、腕が上がるか（同じ高さを保てるか）をチェックします。
何も持たない状態と同じくらいの筋力の強さを感じたら、その物は被験者に合う、

①　真っすぐに伸ばした被験者の腕の手首あたりに２本指を置く。

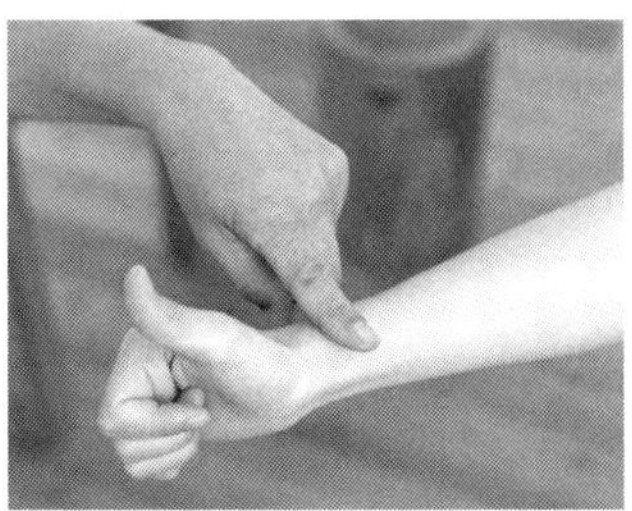

②　指を置く位置はこのあたり。

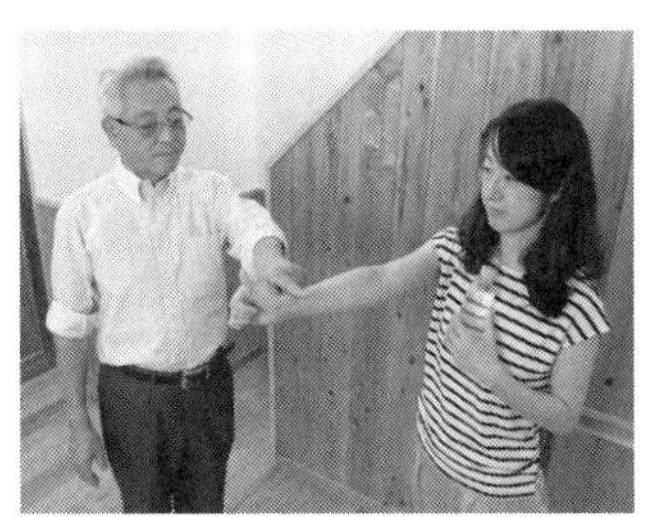

③　胸に対象物を持たせ、指をぐっと押し下げる。被験者の腕がホールドすれば、その物は相性よし。

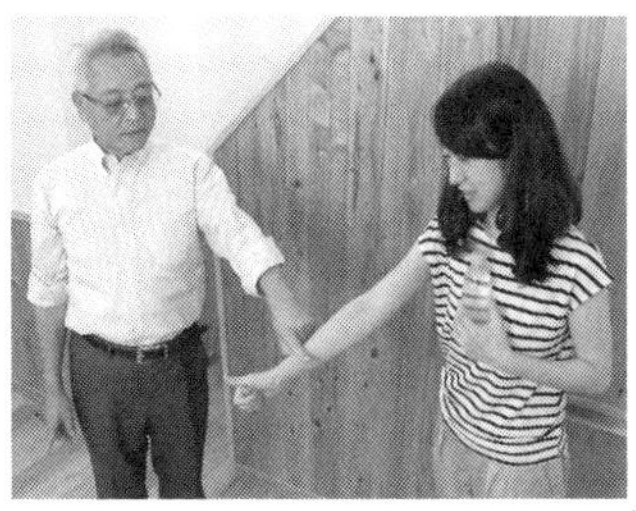

④　逆に腕が下がってしまったら、その物は被験者に合わないということが分かる。

図13　二人一組でやる筋力テスト

もしくは潜在意識で受け入れているということです。腕に力が入らなければ、合わない、もしくは被験者が受け入れていないということです。

※テストする側の人は、故意にテスト結果をコントロールしないように、中立の意識で行ってください。

※男性と女性とで組んでやる場合など、腕力に差が出るときは、(2)の行程で、被験者の腕を抑える指の数を調節してください。

例えば、男性が被験者になる場合、女性の指2本で、男性の腕を上げる力は抑えられないと思います。そのような場合は、拮抗（きっこう）できるようになるまで指の本数を増やしてください。

◆一人でやる筋力テスト方法（Oリングテスト）（図14）

(1) 利き手の人指し指と親指で輪を作ります（OKの形にします）。このとき、指先にグッと力を入れ、輪が開かないように意識します。

(2) 反対の手の人指し指を輪の中に入れ、輪のつなぎ目（人指し指と親指が合わさったところ）に当てます。

(3) 調べたい項目について自分に問いながら、輪に入れた人指し指を、輪を離すように引っ張ります。輪が離れなければ「YES」、離れれば「NO」という答えです。

※一人でやる場合は感覚をつかめるまで練習が必要ですが、答えが分かり切ったことを何度も繰り返し質問することで練習ができます。

例えば、「私は○○（ご自分の名前）です」と言いながら指が離れない感覚を、「私は××（他人の名前）です」と言いながら指が離れる感覚をつかむ練習をしてください。

筋力テストができるようになったら、今度はエナジーと組み合わせて色々な場面で試していきましょう！

※一人で行うOリングテスト器具が、ヒカルランドで販売している「セルフォ」です。ぜひお買い求めいただきお役立てください。

販売ページ：http://hikarulandpark.jp/shopdetail/000000000180/

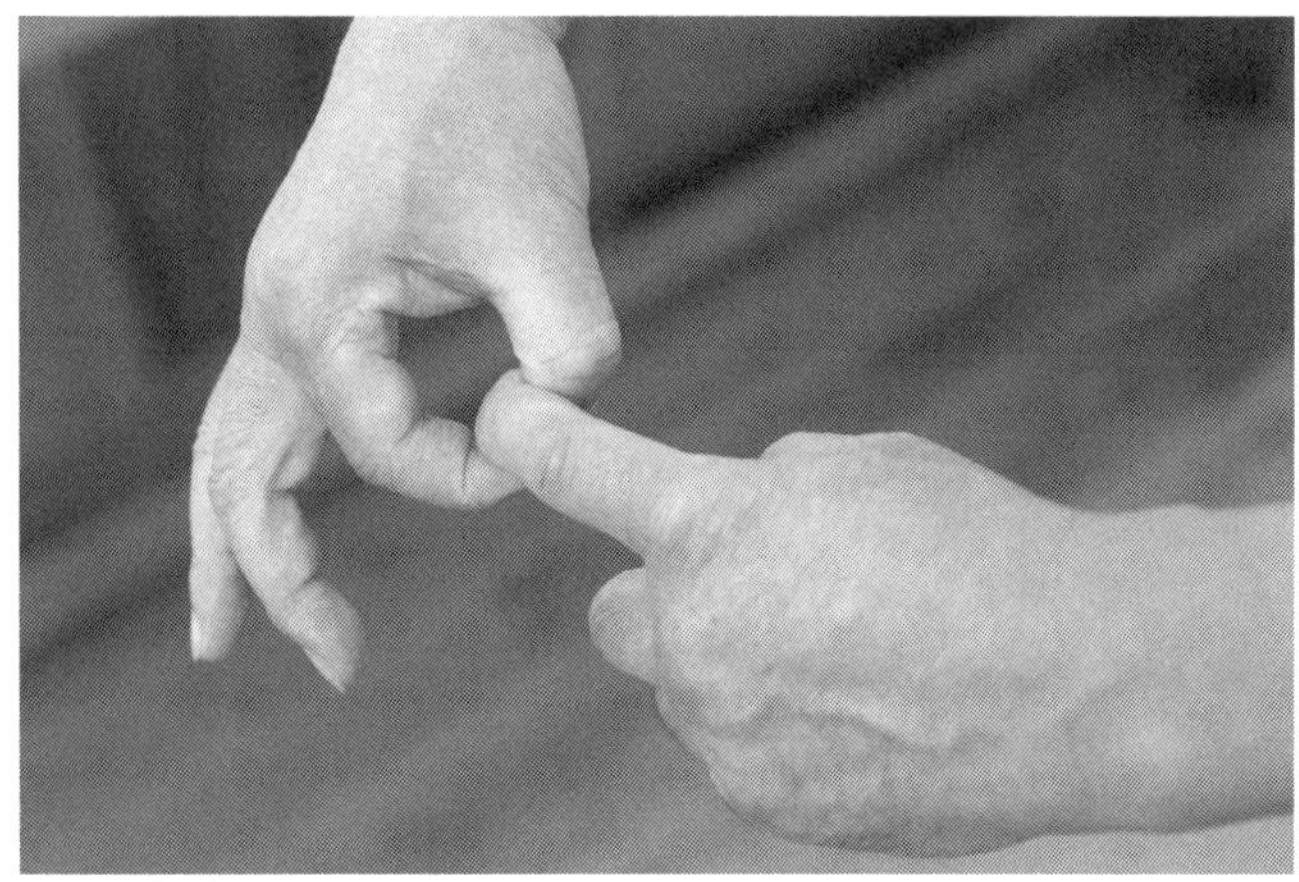

①　指で行う場合

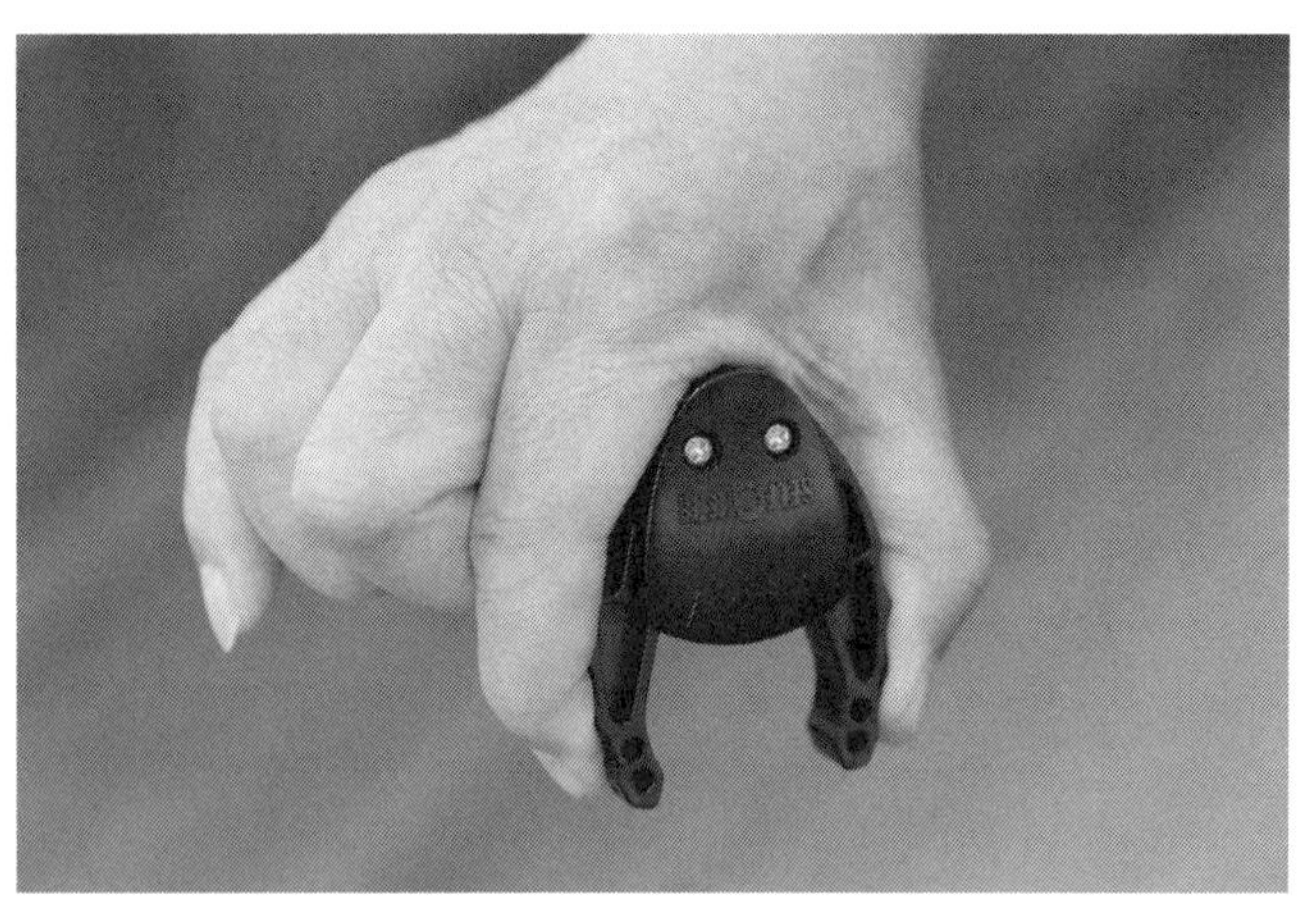

②　セルフォを使う場合

図14　一人でやる筋力テスト

2．食べ物の浄化

現代は食べ物一つを取ってみても、汚染や添加物の脅威にさらされています。日本は欧米諸国に比べて国の規制もゆるく、オーガニックを謳(うた)うものの中にも、エセ商品が多く隠れています。しかし、それらを見た目だけで見破るのは難しいこと。そこで、ご自身やご家族の身を守るために、ぜひエナジーヒーリングを取り入れていただきたいと思います。

食べ物の浄化（対象にエナジーを入れることで清浄にし、自分と調和したものに変換するという意味）は、素材の一つ一つを筋力テストで選んでいくことによってもできるし、外食などのようにすでに出来上がっているものには、直接エナジーを入れることでもできます。

(1) まずはそのままの状態で筋力テストを行います。

⑵ 合わないと出たら、手をかざして（その物がエナジーで満たされたと思うまで）エナジーを入れます。

⑶ 再度、筋力テストを行い、自分に合うものになったか調べます。検査で合格が出るまで⑵と⑶を繰り返せば、食べ物の浄化ができます。

外食などで、筋力テストができない、もしくは手に持ったりするのが難しい物の場合は、検査をしないでそのままエナジーを入れて浄化します。

しかし中には、どれだけエナジーを入れても自分に合わないと出る物もあります（お菓子などの嗜好品に多いです）。また、自分には合うと出るけれど、家族には合わないと出るものもあります。だからといって、それを絶対に食べてはいけないとは言いません。

筋力検査はあくまでも身体の反応を確認するためのツールで、一番大切なのはご自分の意思です。食べたいと思う物は、身体が必要としている物なので、自己判断で食べればよいと思います。ただ、小さいお子さんや、アレルギーを多く持つ方、身体の調子が何をやっても上がらない方などは、合う物だけを食べるようにする、もしくは、食べるときに浄化をすることを、ご自分の身体を守るためにもおすすめします。

3．パワーストーンの浄化

パワーストーンは私も持っていて、家や物の浄化に使います。文字通り、とても強い力がありますが、それだけに取り扱いには注意が必要です。

例えば、パワーストーンの代表格の水晶。水晶は浄化作用があり、邪気やマイナスエネルギーを吸収してくれます。でも、水晶が吸ってくれたマイナスエネルギーがどこに行っているかご存じでしょうか？

石には自己浄化作用はないため、吸い取られたマイナスエネルギーは、実はそのまま水晶の中に留まり続けているのです。石は可能な限りどんどんエネルギーを吸い続け、大体、どんな石でも一週間も経てばマイナスエネルギーでパンパンな状態になっているのです。

そんなマイナスエネルギーの塊のようなものを、身につけたり、部屋に置いたままにしておいては、かえって危ないことになってしまいかねません。

筋力テストを使えば、石の状態や、自分との相性などが簡単に分かります。また、浄化がちゃんと行えているかの確認もできますので、ぜひ行ってみてください。

(1) 筋力テストで今のパワーストーンの状態を確認します。パワーストーンを胸に当て、筋力テストをし、腕が下がれば浄化が必要な状態です。

(2) エネルギーを入れて、浄化します。再び筋力テストをして、腕が下がらなくなるまで浄化を続けます。

世間でよく言われているパワーストーンの浄化方法、月や日の光に当てる、セージでいぶすなどの方法で、本当に浄化できているかどうかも、この筋力テストで確認することができます（私が検証した限りでは、自分で浄化する方法が一番確実でした）。

きちんと浄化、またはパワーを入れ直し、石に最高の力を出してもらえるように、日々のメンテナンスを欠かさないようにしましょう。また、宝石も強力なパワーストーンです。指輪やネックレスなど、石の波動が落ちていないか検査して、浄化してみましょう！

4．エナジーヒーリングを実践してみよう！（身体）

いよいよ次は、私が施術院で実際に行っているカイロプラクティックとエナジーヒーリングを組み合わせた療法で、身体の痛みを取ったり、アンチエイジングをしたりする方法をご紹介します。

エナジーを筋肉や内臓に入れ、本来の機能を回復させれば、驚くほどの回復力が出ます。これができるようになれば、病院やエステに行く回数を減らすことができるのではないかと思いますよ！

筋肉の痛み（肩こりや腰痛）を取る場合も、アンチエイジングも、基本的にやり方は同じです。

◆エナジーヒーリングの方法

(1) 痛みやコリのある部位を探します。
(2) その部位を触って、痛みやコリを確認し、「ここが痛い!!」と脳に認識させます。
(3) その部位にエナジーを入れます。

この三つだけです。ここで一番大切なのが、(1)と(2)の、治したい部位を確実に探し当て、脳に「ここが痛い！」と認識させることです。

これを「圧痛触診」と言い、エナジーヒーリングの基礎で、とても大切な作業です。エナジーはどんな部位にでも注入は可能ですが、注入すべき部位を正しくとらえず、違う部位にエナジーを送っても改善はしませんので、触診はしっかり行いましょう！

◆圧痛触診のやり方（図15－1・2）

筋肉は繊維の束でできており、各部位の繊維の走行は、それぞれ違っています。圧痛触診をする際は、繊維の走行に対して指を直角に当てます。

また、狭い部位に縦横無尽に筋肉が走っている顔や臀部など、筋肉の走行が分かりにくい場合は円を描くように触ります。これだと、どんな方向に筋肉が走っていても、どこかのポイントで必ず正しく刺激することができるからです。

痛みの部位が分かったら、指の腹を使い、筋肉を奥まで押します。「コリ・コリ・コリ」と3回くらい動かすように押し、脳に痛みを認識させます。弱った筋肉は萎縮しており、それが痛みの原因となっています。

エナジーを入れると伸縮性が回復し、萎縮がなくなるので痛みもなくなります。健康な筋肉は触っても何の違和感もないのですが、痛みやくすぐったさを感じる場合は、筋肉が少し弱っている可能性があります。

痛みやくすぐったさが認識できたら圧痛触診は成功です。圧痛触診で違和感を覚えた部位が認識できたら、あとはその部位にエナジーを入れていきましょう。

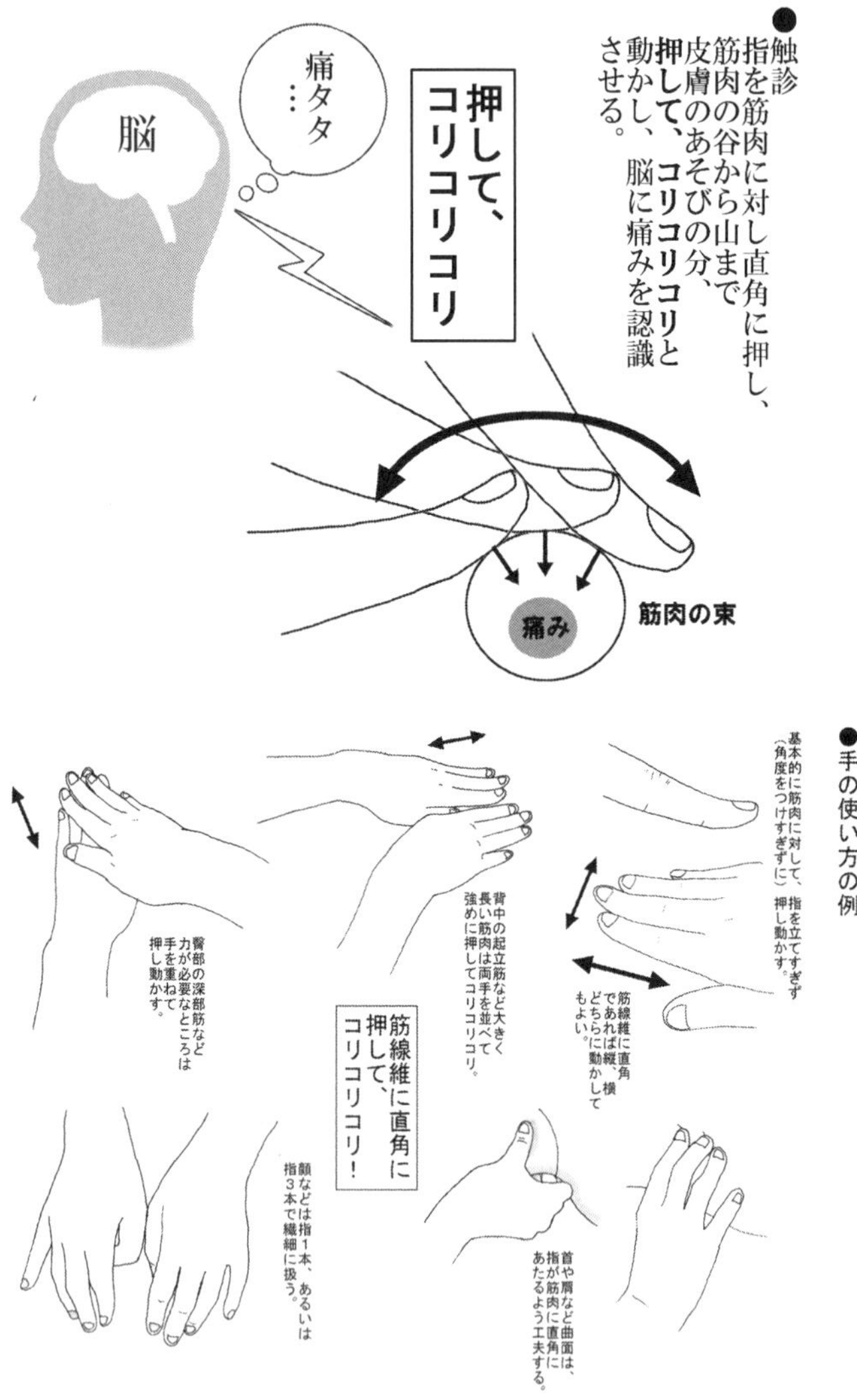

●触診
指を筋肉に対し直角に押し、筋肉の谷から山まで皮膚のあそびの分、押して、コリコリコリと動かし、脳に痛みを認識させる。
押して、コリコリコリ
痛タタ…
脳
痛み
筋肉の束
●手の使い方の例
基本的に筋肉に対して、指を立てすぎず（角度をつけすぎずに）押し動かす。
筋線維に直角であれば縦、横どちらに動かしてもよい。
背中の起立筋など大きく長い筋肉は両手を並べて強めに押してコリコリコリ。
臀部の深部筋など力が必要なところは手を重ねて押し動かす。
筋線維に直角に押して、コリコリコリ！
首や肩など曲面は、指が筋肉に直角にあたるよう工夫する。
顔などは指１本、あるいは指３本で繊細に扱う。

図15－１　痛み取りの基本

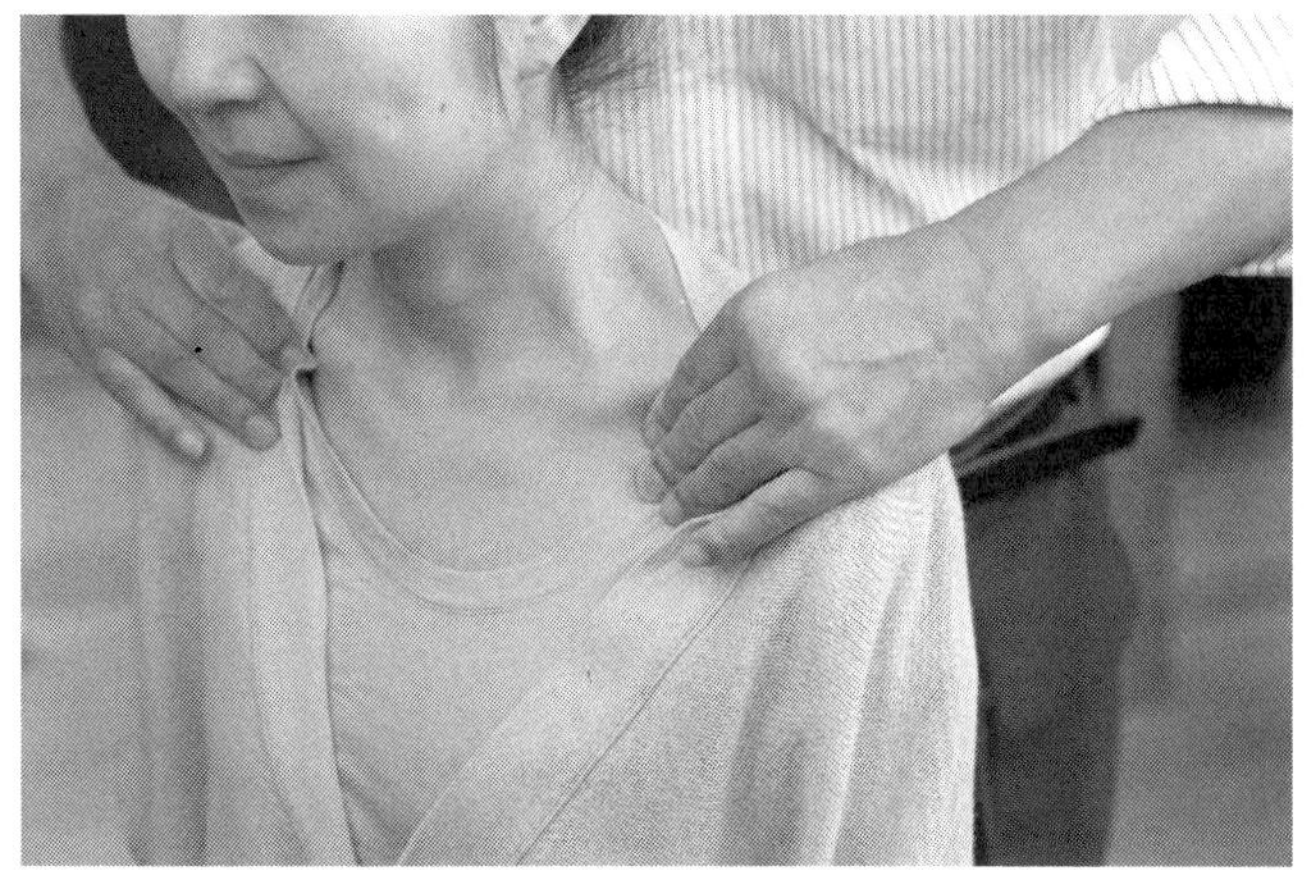

患部を指で奥までしっかり押して痛みを認識させる。

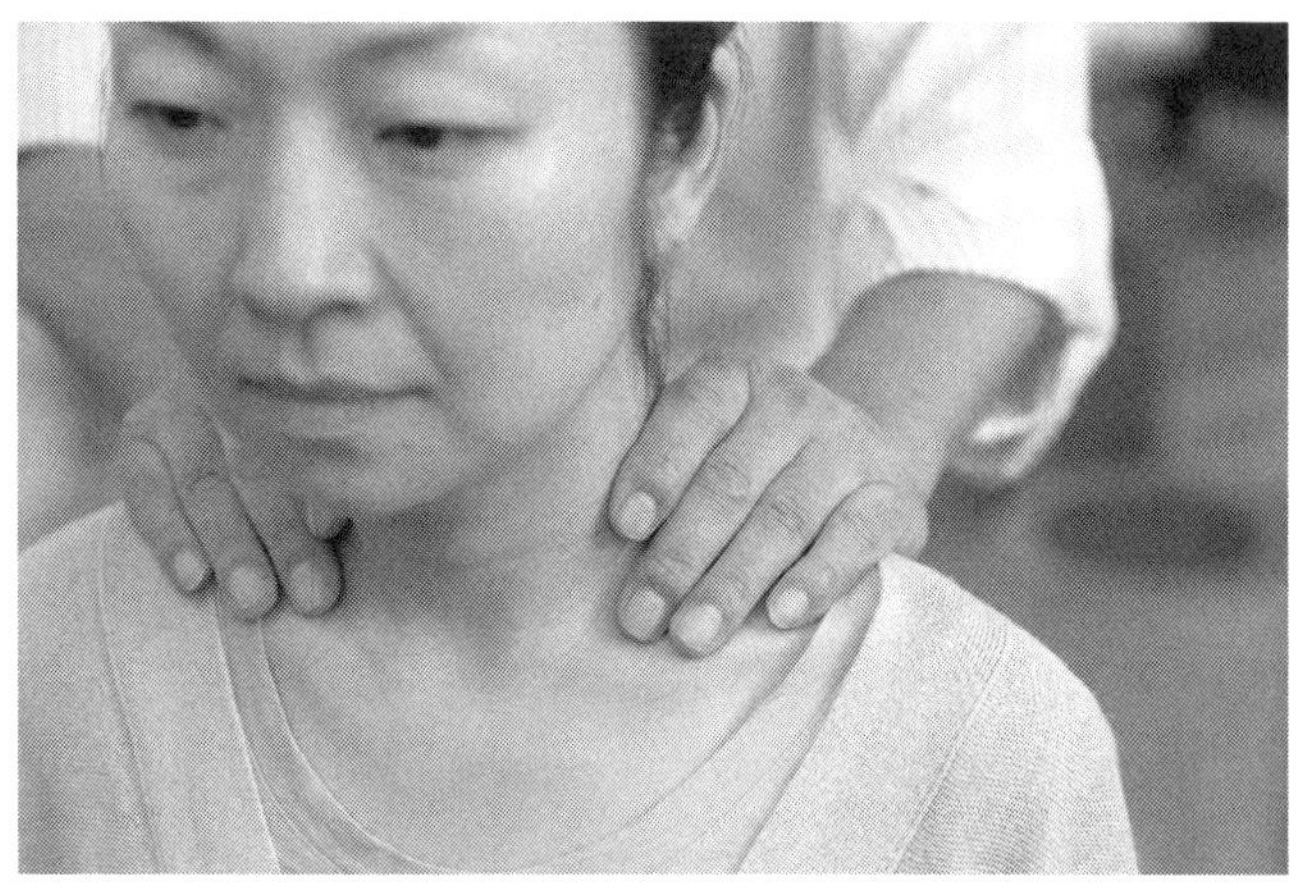

手を添えてエナジーを入れる。

図15－２　圧痛触診とエナジーヒーリングのやり方

◆肩こり（図16）

肩こりの原因は、上部僧帽筋（そうぼうきん）や肩甲挙筋（けんこうきょきん）の場合が多いようです。筋肉繊維の走行を確かめながら圧痛触診し、エナジーを入れることでヒーリングできます。

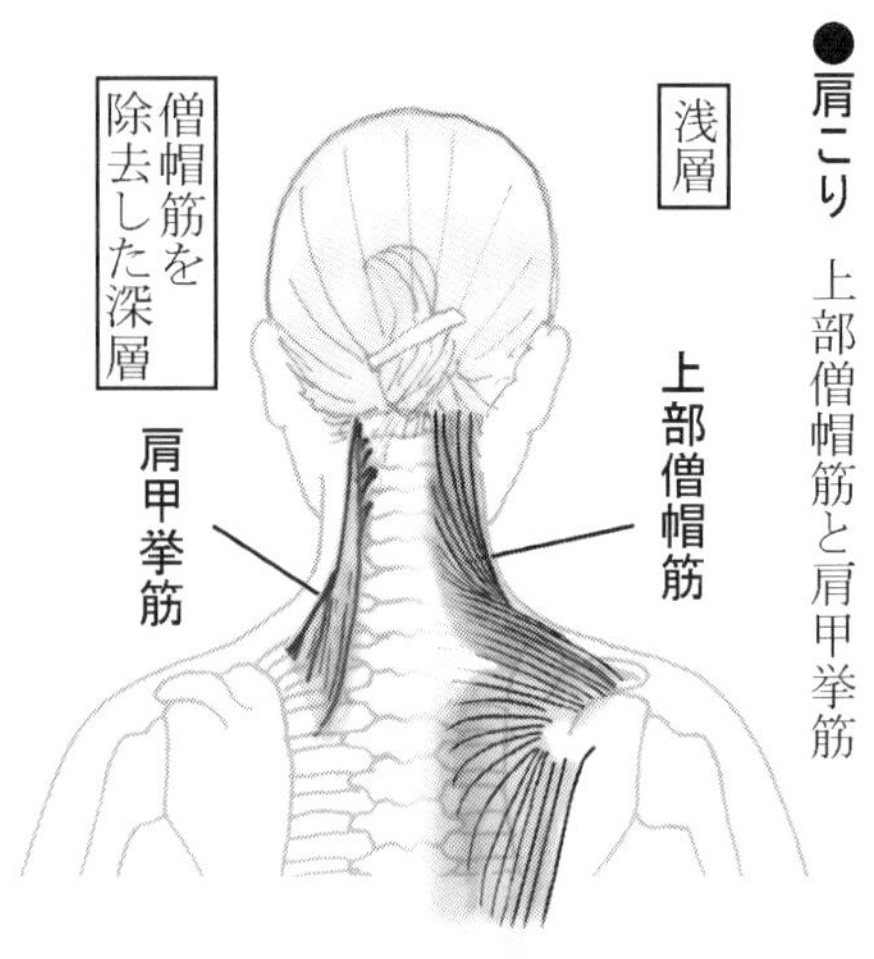

図16　肩こり

◆腰痛（図17）

腰痛はさまざまな原因で起こりますが、筋肉の疲労から起こるものは、大腰筋、腸骨筋、腰方形筋、脊柱起立筋などが原因のことが多いようです。

図を見ながら痛みを感じる筋肉を探してエナジーヒーリングをしてください。

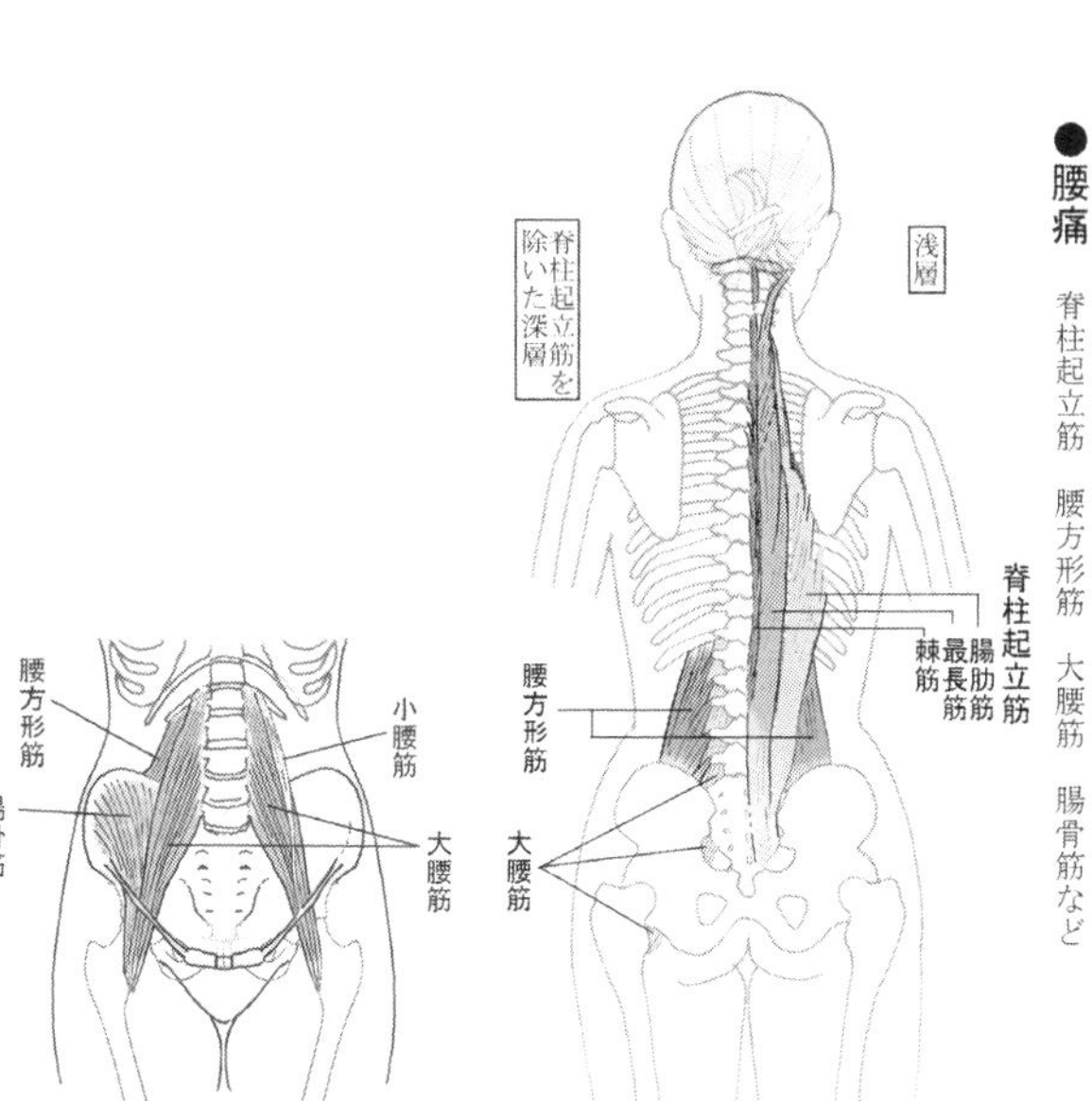

図17　腰痛

◆全身のスタイルアップ（図18－1・2）

胸やお尻も皮膚の下は筋肉でおおわれています。筋肉を正常にすることにより、たるみをなくし張りを取り戻すことができます。また腹筋の収縮性を取り戻すことで、ウエストを細くすることもできます。

私の施術院の患者さんで、結婚式の前日に「ウエディングドレスを美しく着たい！」と来られた方がいましたが、スタイルアップの施術のおかげでとても満足して式を挙げることができたそうです。気になる箇所がある方は、ぜひ試してみてください。

・バストアップ

大胸筋、小胸筋

・ヒップアップ

大臀筋、小・中臀筋、梨状筋

・ウエストシェイプ

腹直筋、外腹斜筋、内腹斜筋、腹横筋

などが関連する部分です。

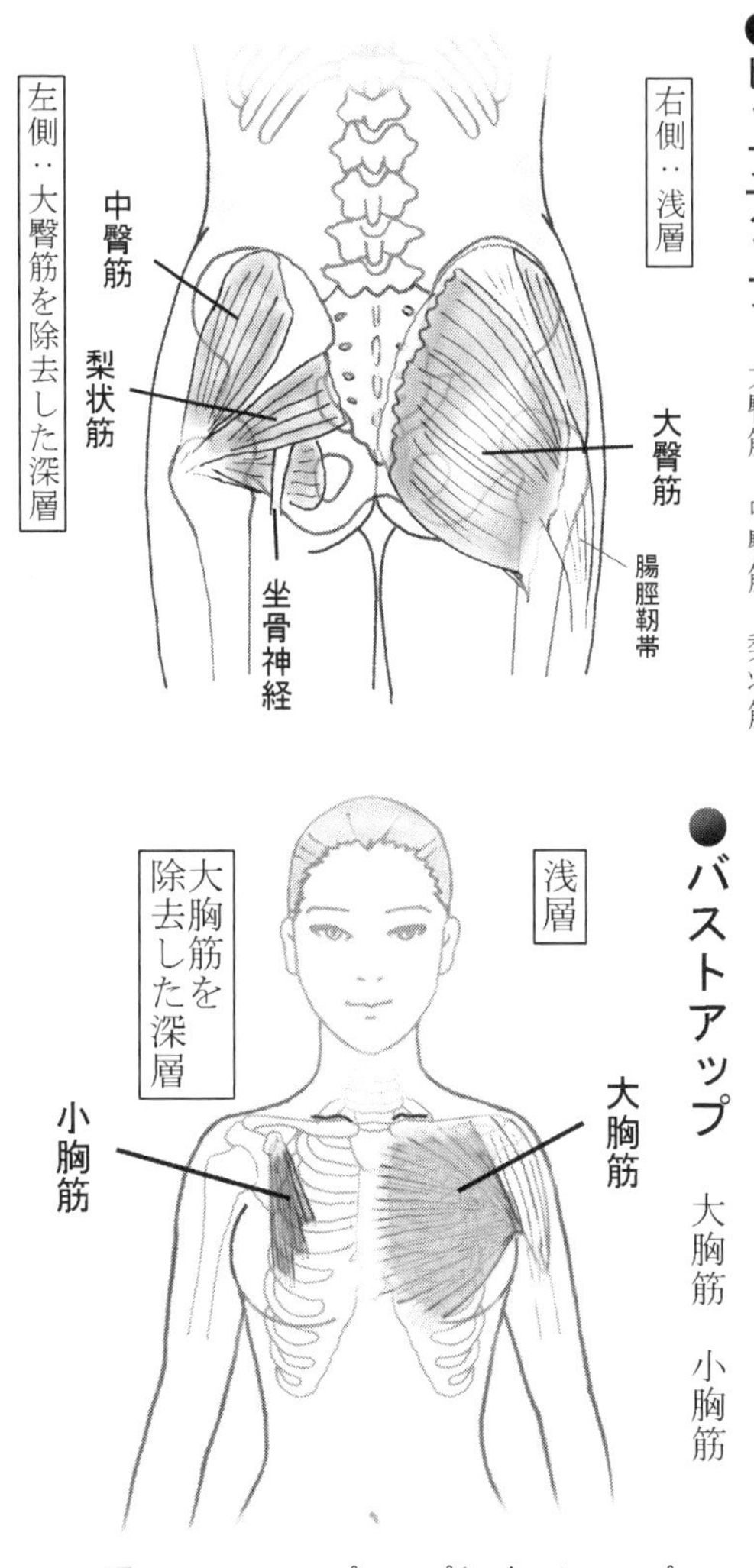

●ヒップアップ

大臀筋　中臀筋　梨状筋

●バストアップ

大胸筋　小胸筋

図18－１　ヒップアップとバストアップ

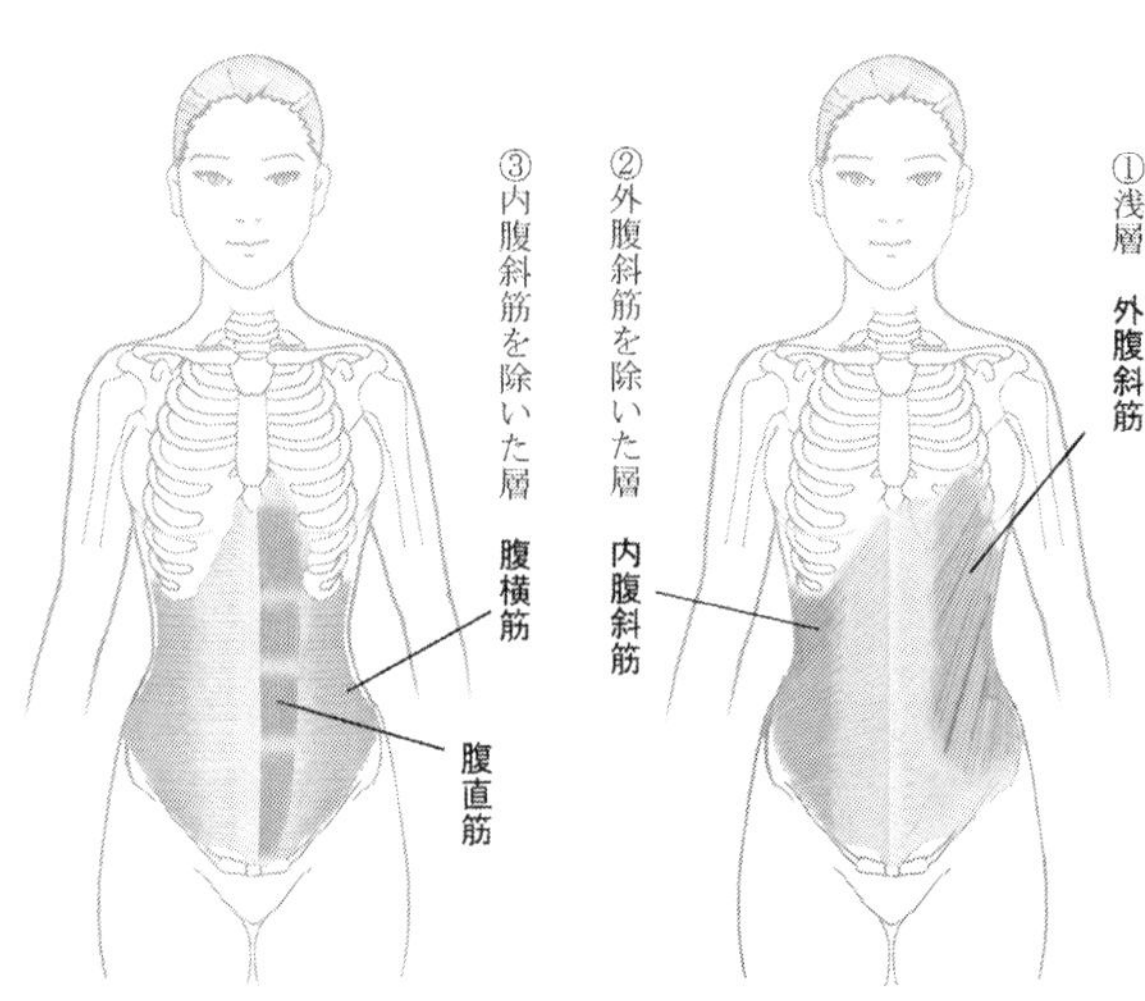

図18－２　ウエストシェイプ

◆フェイスアップ（図19－1・2）

皮膚の下にある筋肉を正常にすることで、たるみ始めた皮膚を戻し、張りのある肌を取り戻すことができます。

顔の筋肉の付き方の図を参考に、ご自身の気になる部位を圧痛触診してみてください。たるみなどが気になる部位は、その下にある筋肉が弱っている証拠なので、痛みやくすぐったさを感じると思います。そして、エナジーを入れれば筋肉の伸縮性が回復して張りが出て、血行も良くなり顔色も変わってきます。

・顔全体をアップさせる
・目をぱっちりさせる
・眉間のしわをなくす
・ほうれい線を消す
・二重あごをなくす

などのことが期待できます。

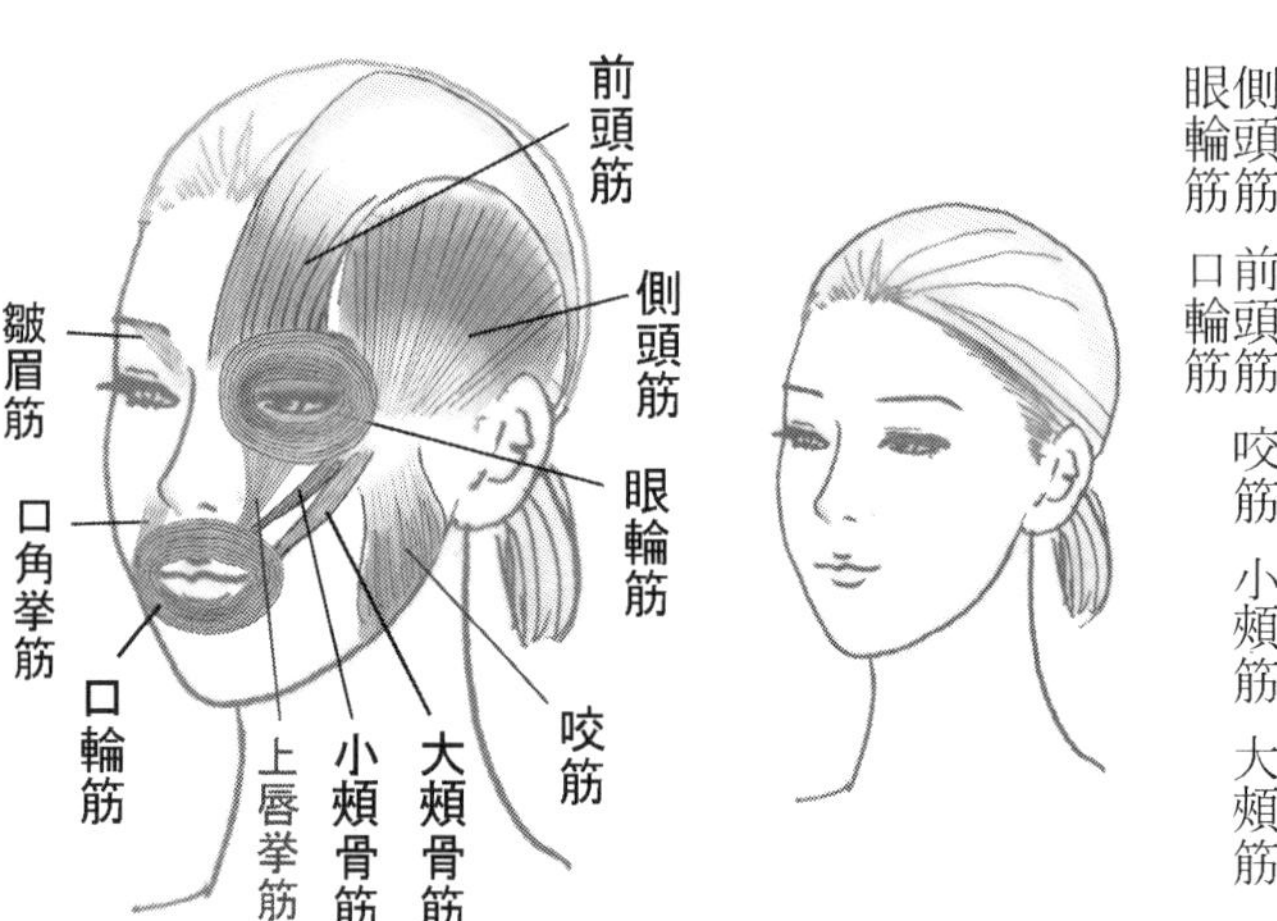

図19－１　フェイスアップ

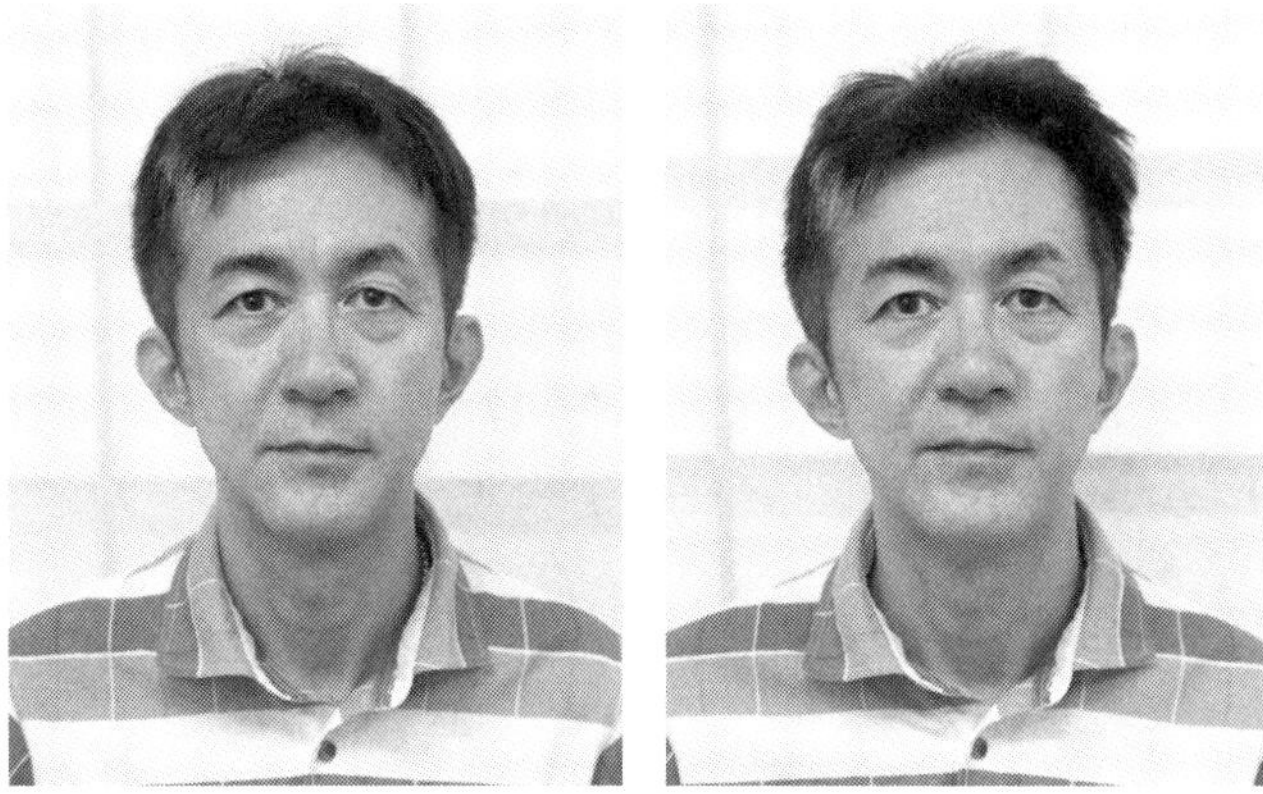

左：施術前　　　　右：施術後

顔左半面のリフトアップ例。施術後には、左眉の位置が上がり、顔全体の血色も良好になったことが確認できる。

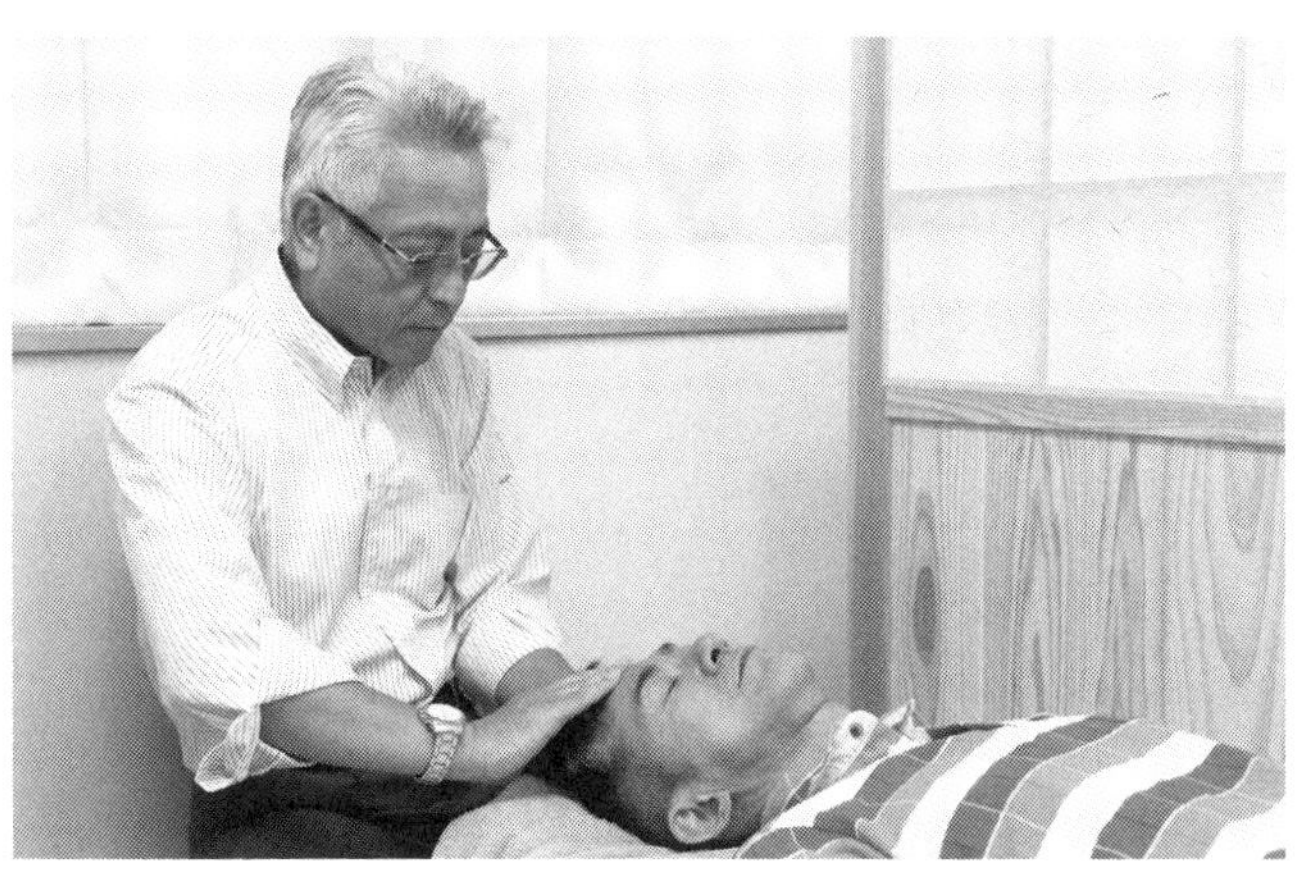

リフトアップ施術風景。顔面などデリケートな部位を取り扱う際は、ソフトなタッチを心がける。

図19－２　顔のリフトアップ

5．エナジーヒーリングを実践してみよう！（メンタル）

健康な日々を送るためには身体の健康と同じぐらい、精神面での健康も必要です。そこで私が施術院で実際に行っている、簡単で、しかも最強のストレスヒーリングのやり方をご紹介します。

少しのストレスやネガティブ思考が止まらないときなどは、本書でもご紹介したヴィパッサナー瞑想法などが有効です。しかし、瞑想をしてもコントロールできないほどの怒りや恐怖心、不安、ストレスなどを抱えてしまった場合、このストレスヒーリングの方がより効果的です。また、ストレスが特にない状態でこのヒーリングを行うと、たった数分で1～2時間熟睡したくらいの爽快感が得られます。ストレスヒーリングは精神的な疲れだけでなく、身心両方の健康にも使える、万能なヒーリング方法なのです。

このヒーリングは自分一人でも行えますし、人にしてあげることもできます。お子さんなど、じっとしていられない人にしてあげるときは、その人が眠ってから施術を行うと、やりやすく、よりヒーリング力が上がります。

◆人にしてあげる場合（図20）

まず、ヒーリング前に、日頃ストレスに感じていることを思ってもらい、筋力検査で弱くなっていることを確認します。

(1) ヒーリングを受ける人は、目を閉じて、リラックスできる状態で上を向いて横たわります。

(2) ヒーリングをする人は、受ける人の頭の上側に座り、相手の頭を両手で包み込むようにします。手の中でエナジーのボールを作り、その中に相手の頭を包み込む感じです。両方の親指だけを相手の眉と髪の生え際の中間（アプライドキネシオロジーのストレスポイント）に軽く当て、他の指は力まないように、軽く側頭部に回します。

(3) 相手の頭をエナジーボールで満たしていくように、エナジーを出していきます。

(4) ヒーリングを受けている人は、嫌なこと、ストレスに思っていること、恐怖心などを、なるべく強くハッキリと思い出します。癒したいと思う出来事を詳細に思い出し、そこで自分がどんな嫌な思いをしたか、どんな風に傷ついたかなどを鮮明に思い描きます。

(5) ヒーリングをする側は、エナジーボールに意識を集中し、エナジーボールが真ん丸く歪みのない状態になったと思った時点で終了するか、ヒーリングを受ける人が嫌な思いを出し切り、気持ちが落ち着いたら終了するか、どちらでも結構です。

(6) 最後に、ストレスに思っていることを思い出して筋力検査を行います。筋力が強くなったことが確認できればストレスがなくなっているという証拠です。

ストレスヒーリング

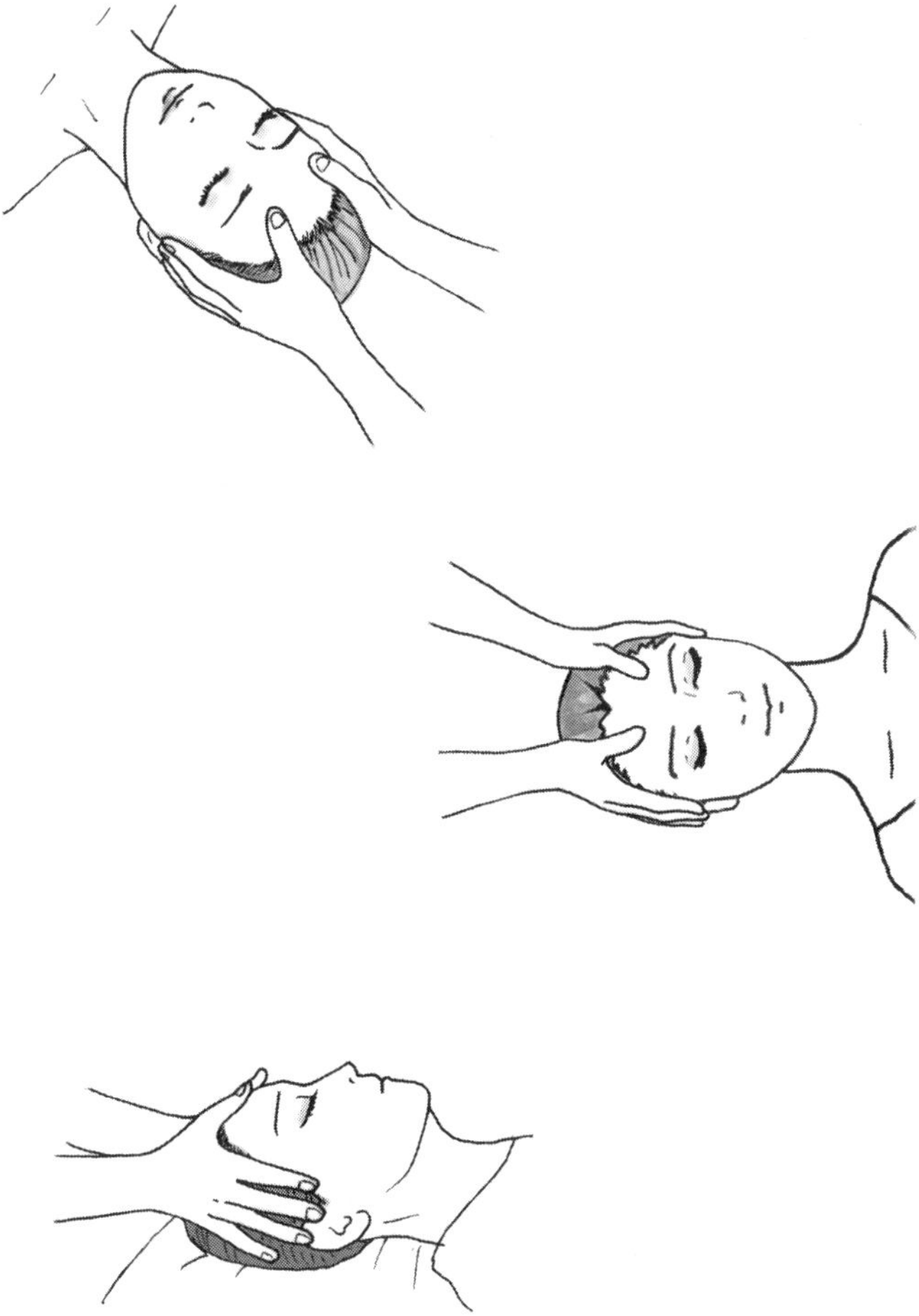

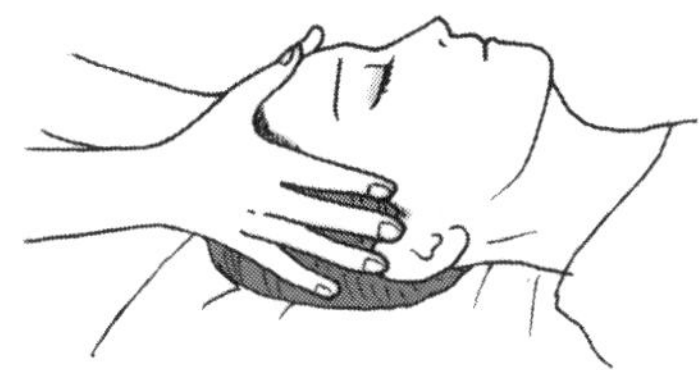

図20　人にしてあげる場合（メンタル）

◆一人でやる場合

(1) リラックスできる状態になります。寝転んでも、座ってもいいので、楽な体勢を取ってください。

(2) 頭を自分の両手で包み込むようにし、両方の手のひら（労宮）、または指先を、眉と髪の生え際の中間（ストレスポイント）に当てます。

(3) エナジーボールを作って、エナジーを送り込みながら、ストレスに思っていることを鮮明に思い浮かべます。

(4) 気持ちがスッキリしたら終了です。

私の施術院では、鬱やパニック障害、恐怖症や、ストレスによる痛みを持つ患者さんに、このストレスヒーリングを用います。病気に陥（おちい）るきっかけとなってしまった出来事を、繰り返し何度も浄化していくことにより症状が改善していきます。

また病気や怪我を抱えている方は、治したい部分をイメージし、そこにエナジーを送って、その部分が癒されていく場面を想像すると、より早い治癒に繋がります。

それ以外にも、過去に起こった後悔していることなどをクリアしたい場合にも使えます。例えば誰かに何かを言われ、傷ついた場合なども、そのときの、傷つき、無力だった自分にエナジーを送ってあげることで（イメージすることで送れます）、受けた傷が癒えていきます。

脳は実際に今起こっていることも、空想していることも、区別がつきません。たとえ過去の出来事を思い出しているだけでも現在起こっていることと認識し、それをストレスと感じてしまいます。起こってしまったこと（過去）は変えられませんが、エナジーを入れることにより、自分の中で持ち続けているネガティブな感情を浄化し、肯定的にその出来事をとらえられるようになるのです。

以前、施術院に、仕事中の事故で同僚の方を亡くし、それが切っかけでパニック障害になってしまった消防士の方が通われていました。火事を消すことが仕事なのに、いざ火事の現場に行くと同僚の死を思い出し、パニックの発作が出てしまうのです。

私はその方にこのストレスヒーリングを使い、心の傷を癒していただきました。約3ヶ月で症状は治まり、無事に職場に復帰されました。

他にも電車やバスなどの乗り物に乗るとパニックの発作（閉所恐怖症）が出てしまうという方も通われていましたが、今では飛行機にも乗れるようになり、年1回以上の海外旅行を楽しまれています。

病気を発症してしまうような大きなストレスも、時間をかければ必ず治癒していきます。しかし、まずは小さなストレスから溜めないように、このストレスヒーリングを日々の生活に取り入れてみてください。

6. エナジーヒーリング講座の体験談

私は「達磨塾」という名の、エナジーヒーリングの講座を開催しています。その初級の講座を受けてくださった方々の体験談をご紹介します。

本書のトレーニングをやれば、ここに書いてくれた方々と、ほぼ同じことができるようになっているはずです。ぜひ、ご参考になさってください。

◆エナジーヒーリングで毎日が健康でラッキーに！

【福岡県嘉麻市　54歳女性・Mさん】

●受講によって自分でも驚くほどのヒーリング力を獲得！

２０１６年の４月より４回にわたり、氣功の概念から実践的な活用法まで、多方面から学ばせていただきました。

岡部先生が長い時間をかけて会得（えとく）されたモノをギュッと濃縮されたセミナーで、たいへん得をした４ヶ月でした。

以前から折にふれ、先生より氣のトレーニング方法を教えていただいておりましたので、自己流ではありましたが、朝の出勤前にできる限り実践してきました。

第一回のセミナーで、氣の通り道を太く強くする「エネルギーチャンネルの開設」（伝授）をしていただきましたところ、すぐに翌朝のトレーニングの際に身体の中でいつもと違う〝強い力〟のようなものが行き来しているのを感じ、同時に手のひらの中にいつも作っていた〝氣の球〟が前日のそれとはまるで違っていて強く強く押し返してくるのを感じました。**自分の持つエネルギーが「強くなってる!!」**。シンプルにそう思えて受講前とは何か違う力を得た感覚を容易にとらえることができました。

先生が〝皆さんも、もうできるのだから家族にやってあげるとよいですよ〟とおっしゃっていたのを信じ、まずは数年前に腰椎の圧迫骨折をした母の痛みに挑戦!!

岡部先生の施術しか信じていない母は**〝あらっ！　痛くない〟**とキツネにつまれたような苦笑い（笑）。

そうなると毎朝のトレーニングにいつもより力が入るのは言うまでもありません。毎日トレーニングを続けながら2回目、3回目の受講で伝授等を受けていくうちに、甥（おい）の3歳になる息子の九度近くあった熱も下げることができたり、姪の生理痛など朝メシ前!!　姉の偏頭痛も薬いらずになりました。

もちろん、自分自身のちょっとした胃痛や腰痛など、すぐに癒せるようになったので、出張が多く施術院に行かれなかった7月はたいへん助かりました。

●波動が良くなったことでラッキーが引き寄せられるようになった！

実際に痛みを取るばかりでなく、私が先生に〝伝授〟していただいたあと、家族や友人たちにも色々な変化が起りました。

私の持つ〝良くなった波動〟が変えたとしか思えない出来事が急に増え、「ラッキー」を頻繁に感じるようになりました。

小さなことでは、いつも空きがなく停められたことがなかった取り引き先の駐車場に、その頃から100％停められるようになったり、数年間、挨拶をしてもあまり反応がなかった近所の方が、ご自分から挨拶してくださるようになったり……。

大きな変化では、7～8年なかなか成果を得られなかった家族の仕事がトントン拍子で契約までいき、その後も次々と良い話が舞い込んでいます。また、甥が希望していた会社に正社員として就職できたり、諦めていた親友の病気が完治したりするなど、偶然とは思えないラッキーがこの短い期間に連続して起っているのです。

しかも、4月のセミナー前に受けたCTの検査で、腋窩（えきか）リンパに見られた腫瘍が、3回目のセミナー後の6月末に受けたCT検査では消滅していたのです。

これからもトレーニングに励み、少しでも周りの方々を幸せにするお手伝いをしたいと思いますし、今の私ならできると信じています。

一人でも多くの方がこの達磨塾に導かれ、正しい氣功の力を知っていただけたらと願っています。

そして、私のように多くの「ラッキー」を感じてほしい!!

心からそう願います。

岡部先生からのコメント

以前に乳がんの手術をされており、そのときに取りきれなかった腋窩リンパに腫瘍があったため、達磨塾のエナジーヒーリング講座に誘いました。「自分で創った腫瘍は自分で消せる！」との思いが通じて、エナジーヒーリングの訓練を続け、現在ではすっかり元気になられました。

◆仕事でも大活躍！　骨盤調整も氣で可能に！

【広島県広島市　44歳女性・Mさん】

広島で助産師をしています。

このたび、ご縁をいただいて、たいへん貴重な岡部先生の氣功講座を受講させていただきました。

私は岡部先生にお会いする約2年前、胸の腫瘍を摘出する手術をしたことがきっかけで、大阪の氣功師の方から遠隔氣功を1年半ほど受けておりました。

初めて講座に参加させていただいたとき、遠隔氣功の施術を受けていたときに感じていた以上に、全身に微細電流がビリビリと流れるのを感じました。

自分自身が氣功の勉強をするのは初めてのことでしたので、目からウロコが落ちる日々でエネルギーが満ち満ちていく感じがしましたが、最初のころは受講した翌日から全身の倦怠(けんたい)感と眠気が強く、朝を迎えるのが辛い日々が続きました。教えていただいた呼吸法をして耐えつつ、10日ほど経ったころからフッと身体が軽くなったのを感じました。

学生時代から筋金入りの肩こりで家にはマッサージ器がゴロゴロしていましたが、講座の受講が始まってからというもの、肩こりを感じることがめっきり少なくなりました。

私が助産師ということで教えていただいた骨盤調整の施術は、大変学びが大きかったです。私自身、子供を２人出産した際に恥骨離開気味で、骨盤ベルトと姿勢矯正で落ち着いていたのですが、雪道で乗っていたタクシーがスリップした際に身体が放り出され、数日後から恥骨痛が再燃してしまいました。先生に私をモデルに実技をしていただいたところ、ぴたりと痛みがとれました。

また、骨盤底筋調整も目からウロコの調整法で、出産直後の尿漏れや性器脱にも効果があり、仕事に大いに役立てています。

助産師の仕事はゆりかごから墓場まで。女性の一生に寄り添えるようしっかりと氣功を学んでいきたいと思います。

岡部先生からのコメント

達磨塾生の紹介で、広島から福岡まで来られ、月に一度の初級講座に参加されました。助産師だったので不妊や産後の婦人科の問題などの施術法を教えました。その後、大阪での中級講座も受講されて、今では月に一度の大阪施術会にも勉強のために熱心に参加されています。将来、プロになることを目指して頑張っておられます。きっと素晴らしいプロになられる人だと確信しています。

◆おっかなびっくり飛びこんでみたら、あまりに楽しかった氣の世界！

【大阪府守口市　48歳女性・Hさん】

●スピリチュアル？　宗教⁉　不安でいっぱいだった受講前

氣のパワーやエネルギーにとんと縁がない私が受講した理由は、受講直前に乳がんと診断されたからでした。

とてもショックで落ち込みました。そんなときに先輩とご縁があり、導かれて達磨塾や岡部先生や受講生の皆さんと出会えました。今まで生きてきた中で一番の幸運でごほうびだったと、しみじみ思います。

とはいえ、初級を受講する前は怖くてたまりませんでした。スピリチュアル系には無縁だったので、全く知らない世界に飛び込むのが怖いし、自身の身体が大丈夫なのか怖いし、宗教がらみならなお怖いし、一体何をするのか、そして私にでもできるのか、こんなに弱くてダメダメでも入塾していいのか？　なんて思って、初日はドキドキでカチンコチンに緊張していました。

そして受講当日。不安な気持ちとは全く反対の雰囲気でスタート！　午前中の体験から第１回の受講が終わる夕方まで、教室には笑いが絶えませんでした。受講生の皆さんも楽しそうで、同じように驚いたり笑ったりはしゃいだり。「みんなできるようになる」と、明るく軽〜く陽気にお話しされる岡部先生に心が和(やわ)らぎました。

先生にエネルギーを入れていただいたとき、身体が「**ドルンッ**」としたのが分かり、「**すごい、身体にエンジンがかかった！**」とドキドキ。

氣のエネルギーで食べ物や飲み物の浄化、痛いところを取ると初めに聞いたときは、「え〜第1回で早すぎ！（汗）」と思っていましたが、自分で実践してまたビックリ。ジュースの味が変わり、ふにゃふにゃの身体が氣を入れるだけでビシッと立てるようになり、肩こりが治りました。

え〜！　自分でできる！　受講中「うわあ〜」とずっと心の中でビックリ仰天していました。

受講中、初耳・初聞き・初実践がいっぱいで、目まぐるしくて、ボーッとする暇（ひま）がありませんでした。

分からない言葉もありましたが、あっと言う間に時間が過ぎ、帰宅後は心身ともにぐったり（笑）。

そして次の日から、教えていただいた訓練で氣の練習。氣を回す、入れる、出す。初めは「本当に感じられるようになるの？」でした。今もはっきり分かりませんが、何となく回っているな、入っているな、出たな、くらいは感じられるように。あのころの自分に「感じられるようになったよ」と言ってあげたい。

●寝ても覚めてもエナジーの練習！

道を歩くときや、寝る前には、いつも氣を回す練習を。短時間ですが、少しずつはっきり自分が変わっていくのを感じました。第2回受講までのたった1ヶ月だけで。長い間、食べ物や運動やサプリなどで体質を改善しようとがんばっていたのが、コロッと改善。すごすぎる！

氣を回すと気持ちよくて眠りやすくなり、疲れやすかったのが徐々に減り、顔色が良くなり、生理痛も忘れるほど痛みもなくなり、乾燥肌も減っていきました。痛みやかゆみの箇所に氣を入れると、しばらくすると痛みや痒みが治まっていました。それは些細（ささい）ですが、氣のパワーを強く実感できました。先生がエネルギーをくださったおかげと、ほんの少しだけ習っただけで。こうして、はっきりと氣の力を感じられて、安心感に包み込まれました。

2回目からは少しドキドキしつつも元気に楽しく受講に参加。第2回はチャクラや瞑想法。チャクラとは何ぞや⁉　状態でしたが、こんなふうに身体が繋がっているのだと感心。瞑想法は、初めは5分くらいしか続かなかったです……邪念が多すぎなのか、邪念を川へ流してもすぐ戻ってきて。辛かったですが徐々にそれが減り、最近は瞑想するのが少し楽しくなってきました。

第3回は衝撃の〇〇（※本書には載せていない内容なので伏字にさせていただきました）。これは氣の流れが強くなりそうだなと思いましたが、しばらくはやり方に慣れなくて、家での練習は一人でのたうち回っていましたが、継続のおかげですね。今は何となくスムーズに動くようになり、困っていたときを懐かしく思います。

●乳がん手術も必要なく。氣との出会いにただ感謝

最後の授業は、今までの復習と〇〇放出法（※これも本書には載せていない内容です）でしたが、一番強く「自分もできる」とホンワカすることができた授業でした。〇〇放出法は、とても心に染み入りました。今までひねくれて考えていたのが、〇〇という言葉だけでスッと心の中に入ってきて、**「ありがとう」「ごめんね」**という気持ちが湧いてきました。幸せいっぱいの授業でした。ありがとうございました。

初級を終えて半年以上過ぎましたが、達磨塾での先生や先輩や仲間たちすべてとの出会いに感謝しています。はじめ心配していた乳がんは今では何もなく、手術せず、元気に過ごしています。訓練を続けると、徐々に氣のイメージが強くなってきますが、またやり過ぎて身体を壊さぬよう、このまま細く長くずっと訓練を続けてまいります。

先生、ありがとうございました。

岡部先生からのコメント

とても大人しくて顔色が悪く、自信なさげな第一印象でした。「私にはできない。無理かも……？」というオーラを出していましたが、1回目の実技でいとも簡単にできたことに自信を持たれて訓練に励まれ、教えたことはすべてできるようになりました。生半可に「自分はできる」と思い込んでいる人よりも、この方のように「できないから忠実に教えを守る」「みんなについていくために努力する」と言う謙虚なスタンスの人が、誰よりも伸びるのだと改めて感じさせられました。これからももっと活躍されることでしょう。

　また、この方はO脚が酷くて膝間が7㎝ほど開いていたのですが、施術法を教えて1ヶ月後に確認してみると、きっちり閉じていました。毎日のコツコツとした訓練が実を結んだ結果だと思います。おごることなく、ひけらかすことなく努力される姿に未来の明るさを感じます。

◆氣を駆使して願望成就、危険回避もできるように！

【福岡県直方市　61歳女性・Kさん】

●エナジーヒーリングで低体温が改善

岡部先生と出会い、施術院でお世話になり、達磨塾でご指導・伝授していただく中で私はさまざまな体験をしました。その一部を紹介します。

　一つは体調・心の変化、二つ目は、引き寄せ・環境の変化、三つ目は「不思議な体験」です。

まず、一つ目、もともと低体温だった私は、更年期を過ぎるころから自律神経が乱れ、体温が34度台まで下がり、朝動き出すまでがひと苦労でした。また、両親、祖母、叔父、叔母まで皆ががんにかかるというがん家系（？）です。がん細胞が喜ぶ低体温をなんとかしてくださったのが、先生の施術と達磨塾の訓練でした。おかげさまで今では、体温も36度台になり、すこぶる元気です。慢性の肩こりも少しずつ改善し、高めの血圧もコントロールできるようになってきました。身体が元気になると気持ち（心）までも元気になります。

二つ目に、達磨塾の中級で自分の内面に目を向けて訓練を繰り返す中で、できるようになったことがありました。**それは、昨年、ちょうど還暦と定年退職を迎えるにあたり、今までできなかった『断捨離』です。**それまで物を捨てることができず、整理できなかった私の身の周りがすっきりしてくると、良い氣が家の中にも職場にも自身の中にもどんどん入ってき始めました。驚くことに身体の余計な脂肪や贅肉までも減ってきました。

●感謝の先取り・予知・予感

それとともに、第二の人生を考えたときに、急激に周りに変化があり、引き寄せるように新たな人との出会いや繋がりができ始めました。そして、「こうなりたい。こんなことをしたい」ということを念じることで、かつて夢であった幼児教育に携わる仕事に就くことができました。先生が言われるように、毎日**「夢が叶ってありがとう」「こうなれてありがとう」**と先取りして感謝しています。

そして三つ目に、予知・予感というのは漠然と今までも感じることはあったのですが、達磨塾でエネルギー伝授していただき、教わったことを毎日訓練していくうちに（ときどきサボっていますが（笑））具体的に危険を感じたり、難を逃れたりできるようになってきました。

例えば、車で遠出をするときによく事故に遭遇します。でも、自分はあと一歩のところで逃れているのです。ただ一度、代車に乗るときに嫌な予感がしたのにもかかわらず、何もせず出発して、軽い接触事故を起こしてしまったことがありました。先生から**「車に乗る前に邪氣を祓って『今日も無事に運転できました。ありがとう』**と言

って出発するといいよ」と言われていたことを忘れていました。それからは、必ず、車に乗る前、家を出る前に「無事に帰ってこられてありがとう」と念じています。

あるとき、こんな不思議なこともありました。ある検定試験を受けようとして、受験票を手元に持って会場に向かっていたところ、風に飛ばされたわけでもなく、落としたわけでもないのに、それがすーっと消えてしまい、私は、そのへんを行ったり来たりうろうろしてしまうことになりました。変な人だなあと周りから見られたと思います。**しかし、その2日後、うろうろした歩道の横の道路は大きく陥没してしまったのです。**結局、後で誰が置いたともなくその受験票は私の机のところに戻ってきていました。それからも、地震などを人よりも少し早く感じるようになり、不思議な感覚を味わっています。

●前向きな姿勢になれたのが何よりの宝！

最後に、こうして不思議な出来事に遭遇したり身の回りの変化で良いことばかりのようですが、実際には困難なことも心配なことも今まで通りやってきます。ただ、気の持ちようで、マイナスをプラスに転換したり、邪氣を払って良い氣を入れることもできます。これからも達磨塾での訓練を続けていきたいと思います。「夢が叶ってくれてありがとう」「今日も無事に過ごせてありがとう」日々感謝、感謝。『死ぬまで元気で』をめざして。

岡部先生からのコメント

最初に施術院に来られたときは、肩こりと冷え性の改善目的でした。施術中にふと見ると、腕にジャラジャラと水晶のブレスレットを3個も着けていました。肩こりの確認をしてブレスレットを外して、肩こり部を再度触わってみると、痛みが消えていました。よかれと思って身に着けていた物に肩こりの原因があり、石の浄化が必要なことを理解していただきました。何が痛みの原因なのかを見極めることが重要だと感じました。

◆プロの治療家も効果に感嘆！　商売繁盛のうれしい恩恵も

【福岡県那珂川町　50歳女性・Hさん】

達磨塾が開講されると聞いて、今まで習ってきた氣功教室とどのように違うのかと緊張と期待で受講しました。

1回目から、想像を遥かに超えた講義の内容に、時間もあっという間に過ぎて、1日が終わる感じでした。

受講前は身体がすごく疲れやすく感じていましたが、1回目の講義を受けてから身体に力が漲る（みなぎ）ような感じを受けました。

私は仕事で治療をしていますが、お客さんの筋肉の状態が早く良くなる感覚があり、治療時間1人1時間以上かかったりしてましたが、現在は1時間でほぐせてると思います。

お客さんも効果を実感してくださり、身体が回復することを喜んでくださいます。

治療効果が受講前と受講後では格段に違い、お客さんも4月の受講後から増え始め、口コミでのご紹介も多くなりました。

４ヶ月が終了した７月には、患者数が４月以前の１・６倍になり、そして１年後には２倍以上に増えました。

私の身体も変化しました。受講前は疲れやすく、1日3人の治療でも疲れが溜まって1日終わって覇気がなくなってましたが、今は朝9時に治療の仕事に入り、7～8人治療をして夜20時30分に仕事が終わり、それから介護の訪問に23時30分まで働いて家に帰るのが0時という日があってもこなせるようになり、毎日忙しく仕事をさせていただいてます。

これも岡部先生に20年分のエネルギーを入れていただいたおかげだと思っております。

エネルギーのおかげで元気に毎日過ごすことができています。

仕事も楽しくて、勉強以外は休みなく仕事をしても元気いっぱいです。

達磨塾を受講して本当によかったです。

今の私があるのは、今まで愛情いっぱいで岡部先生が導いてくださったからと感謝しています。ありがとうございました。

これからもおごることなく常にお客さんのために心に刻んでいきます。そして、教えていただいた訓練法を確実に身につけて、より多くの方にお役に立てるように力をつけていきます。

岡部先生からのコメント

13〜４年前から達磨塾のアプライド・キネシオロジーやカイロプラクティックのセミナーに参加されておられましたが、エナジーヒーリングはこのときが初めてで、受講初日より大変驚かれていました。勉強熱心で中級まで終了しましたが、再度初級から中級まで受講されたり、体験会や瞑想会にも何度も参加されて、私の持っているものをすべて吸収しようとする努力には頭が下がります。きっとエナジーヒーリングの後継者になってくれることでしょう。

◆自閉症の子にも届いた氣のパワー！　相手を想いエナジーを送る毎日

【福岡県那珂川町　50歳女性・Ｆさん】

岡部先生の施術と同じ氣功を教えていただけるということで、とても楽しみにしていました。

1日目にエネルギーを伝授していただくときから、体温が少し上がったような感じで、力がしっかり入るのを感じました。

その後も回を重ねるごとに、自分の氣を強く感じることができました。

私は介護職をしていて、自閉症の子の登下校の援助をしていますが、その子の対応に迷っていたとき、先生に氣を遠隔で送ることを教えていただき、すぐ実行したところ、とても機嫌良く歩いて帰ることができました。

その後は、必ず、仕事前には、相手の方を想い、氣を送ることにしています。

自分の思った通りにならないこともありますが、氣を送ったぶん、自分の中に絶対大丈夫という気持ちが湧き上がり、落ち着いていることができるし、結局最後には、自分のイメージした結果で終わることが多く、本当にこれはすごいと思います。

これからも、伝授していただいた氣をしっかり磨いて愛をもって人に接していけるようがんばっていきます。

岡部先生からのコメント

この方も13～4年前から達磨塾に参加されていますが、エナジーヒーリングは今回が初めてでした。冗談が通じる女性で、達磨塾のムードメーカーとして必要な存在です。長年にわたり受講されていますが、決して自慢したり、偉そうな態度を取ったり知ったかぶりせず、新規塾生の人たちにも親切で優しく接して、人間的にも素晴らしい女性だと思います。当初はリフレクソロジーをされておられましたが、介護の方が自分に合っているとのことで、現在は介護のお仕事をされていています。お年寄りのケアにもエナジーヒーリングを役立てていただいています。

あとがき

いかがでしたでしょうか？

エナジーヒーリングは、誰もが簡単にでき、大きな効果を出せる素晴らしいヒーリング法です。決して特殊能力や超能力が必要なヒーリング法ではないことがよくお分りいただけたのではないかと思います。

誰もが、毎日コツコツと訓練すれば家族の健康はもとより、プロの施術家になることも夢ではありません。かく言う私も、全くのど素人から始め、沢山の方々の教えを受けながら現在の施術家としての道を進んでいるわけです。

本書はエナジーヒーリングのほんの入り口に過ぎません。まだまだ奥が深く、本書一冊ですべてを書ききれたとは到底言えないのですが、エナジーヒーリングがどんなものであるかを、何となくご理解いただければよいなと思っています。

実は私は2年前までは、施術を通して患者さん方の健康に貢献できているだけで満足し、エナジーヒーリングを世に広く伝えていくつもりは全くありませんでした。しかしあるとき、夢の中に神様らしきお方が出てきて、「独り占めしないで、早くこれを必要としている人たちに教えなさい！」と叱られてしまったのです。

そんな神様からの後押し!?もあり、この方法を広めることを決意して、まずは福岡でセミナーを開始し、その後、関西、東京とその輪を広めてまいりました。そしてご縁をいただき、トントン拍子で本書を出版することになったのです。

エナジーヒーリングの本質は実践であることから、文字ではお伝えしづらい部分もあり、残念ながら本には掲載できない内容もありました。その辺りのもっと踏み込んだ所は、エナジーヒーリングの実践と、スピリチュアルな世界への理解を3段階に分けて、セミナーにて講義を行っております。初級講座では自分のエナジーを上げること、中級では自分に憑いた憑依物を浄化すること、上級では他人の憑依霊も浄化できるようになることを目標としています。

百聞は一見にしかずで、セミナーにご参加いただいた方はどなたも、第1回目の終了と同時にエナジーを体得し、すぐに活用していただけるようになっています。ご興味がある方は、ぜひ一度お越しになってみてください。

このあとがきに着手した今、小林麻央さんの訃報が飛び込んできました。34歳の若さで幼子を残して旅立たれた無念さに心が痛みます。心からご冥福をお祈りいたします。

このような無念な想いを繰り返さないため、ご家族を悲しませないためにも、本書が皆様方の健康をサポートする一助になればと願っています。

最後になりましたが、本書を世に出していただいたヒカルランドの石井社長、体験談やイラストを描いてくれた塾生や患者さん、長年にわたりエナジーヒーリングをともに創り上げてくれたスタッフのふみこさん、そして、人生を丸ごと支えてくれた妻に感謝いたします。

ありがとうございました。

新装版のあとがき

『3日間で誰でもできる根源神エナジーヒーリング』を出版する時点（2017年12月）で、重版できるとは思ってもみませんでしたし、ましてや新装版になるとは思ってもいませんでした。出版時には、田舎の施術院でSNSにも看板にも電話帳にも載せておらず、ましてやホームページもない私の著書を「誰が買ってくれるのだろう？」と心配していました。しかし、どういうわけか、出版日から1週間でAmazon のベストセラー1位となり、約1ヶ月間1位をキープできました。これも根源神のお導きがあったからに違いありません。ご購入頂いた皆様には心より感謝いたします。

また、それにともない、ヒカルランド主催の体験会や実践講座、個人セッションなども順調で、出版以来現在（2021年秋）も続いております。これもひとえにヒカルランドおよび皆様のご支持のおかげと感謝しております。ありがとうございました。

参考文献

荒井義雄『超人荒井義雄の【氣の極み】宇宙無限大の生き方』ヒカルランド
五井昌久『神と人間』白光真宏会出版本部
奥健夫『意識情報エネルギー医学』エンタプライズ出版部
車栄一『由来記』大国之宮東京支部
鈴木正弘『気功治療教室』セント・コロンビア大学出版会
鈴木眞之『気の秘密』ビジネス社
鈴木涼子『ポラリティセラピー』ＢＡＢジャパン
高橋信次『悪霊⑴・⑵』三宝出版
高橋信次『人間釈迦〈1〉～〈4〉』三宝出版
地橋秀雄『ブッダの瞑想法』春秋社
中健次郎『病気が治る「気功入門」』マキノ出版
成瀬雅春『時間と空間、物質を超える生き方』ヒカルランド

成瀬雅春『ゆっくり吐くこと』ＢＡＢジャパン
野口晴哉『整体入門』筑摩書房
藤平光一『氣の呼吸法』幻冬舎
船井幸雄『人間の「正しいあり方」』ヒカルランド
堀信泰『シンクロナイズド「念」』ガリバープロダクツ
政木和三『この世に不可能はない』サンマーク出版
政木和三『精神エネルギー』旺文社
矢山利彦『気の人間学』ビジネス社
綿本昇『健康ヨーガ入門』日東書院
リチャード・バートレット著、小川昭子訳『マトリックス・エナジェティクス』ナチュラルスピリット
サイ・マー・ラクシュミ・デヴィ著、鈴木真佐子訳『天恵(グレース)の花びら』太陽出版
リチャード・ゴードン著、埴原由美訳『クォンタムタッチ』ＶＯＩＣＥ
フランク・キンズロー著、高木悠鼓・海野未有訳『瞬間ヒーリングの秘密』ナチュラ

ルスピリット
ヴィンフリート・ジモン著『ドイツ発「気と波動」健康法』イースト・プレス
ベアード・スポールディング著、成瀬雅春訳『[実践版]ヒマラヤ聖者への道Ⅰ・Ⅱ・Ⅲ』ヒカルランド
ヴァイアナ・スタイバル著、山形聖訳『シータヒーリング』ナチュラルスピリット
ドリーン・バーチュー著、島津公美訳『エンジェル・メディスン・ヒーリング』ダイヤモンド社
ブライアン・L・ワイス著、山川紘矢・亜希子訳『前世療法』PHP研究所
デービッドS.ウォルサーD.C.著、栗原修D.C.訳『アプライド キネシオロジー シノプシス』科学新聞社

岡部公則　おかべ きみのり
一般社団法人日本エナジーヒーリング協会代表理事
スポーツ代替医療研究所代表
達磨塾塾長

1954年、福岡県生まれ。特装車の設計士として勤務したのち、カイロプラクティックを学ぶ。1998年に地元・福岡に施術院を開院。氣（エナジー）・カイロプラクティック・アプライドキネシオロジー（応用運動機能学）・霊的障害の浄化などのメソッドを融合した独自の施術が話題を呼び、瞬く間に予約の取れない施術院となる。電話帳・看板・広告を一切出さないにも関わらず、開院から20年間の全国からの来訪者数は約10万人に上る。感覚ではなく、目視や数値、データ等による検証を長年重ねた結果、誰しもが持つ氣の絶大なる効果を確信。2015年より、自ら氣を活用できる人材の育成のため、達磨塾にてエナジーヒーリングインストラクター養成講座を開始。福岡・大阪・東京で指導にあたっている。

＊本作品は2017年12月、ヒカルランドより刊行された『3日間で誰でもできる！ 根源神エナジーヒーリング』の新装版です。

3日間で誰でもできる！
［新装版］根源神エナジーヒーリング
神さまが教えてくれた運命改善超秘法のすべて

第一刷　2021年10月31日

著者　岡部公則

発行人　石井健資
発行所　株式会社ヒカルランド
〒162-0821　東京都新宿区津久戸町3-11　TH1ビル6F
電話　03-6265-0852　ファックス　03-6265-0853
http://www.hikaruland.co.jp　info@hikaruland.co.jp
振替　00180-8-496587

本文・カバー・製本　中央精版印刷株式会社
DTP　株式会社キャップス
編集担当　小澤祥子

ISBN978-4-86742-039-3

★開講スケジュール★

はじめての方はこちら！

「エナジーヒーリングと霊的障害の対処法 体験会」

私たちは思っている以上に、エナジーに影響を受けています。だからこそ気をつけなければならないことはたくさんありますが、エナジーは誰にでも簡単に扱えるのです！体験会ではエナジーの力をその場で体感でき、たった一日でできる便利なエナジーの使い方や、霊障を防ぐための心構えも学べます！

参加費：6,000円（税込）

2021年10月24日（日） 14：00～16：00

会場：ヒカルランドパーク セミナールーム

〒162-0821 東京都新宿区津久戸町3-11 飯田橋 TH1ビル7F

お申し込みは➡
こちらから

本の内容を完全習得！ 本格的な氣（エナジー）の使い方を身につけられる！

「エナジーヒーリング実践講座 初級Ⅰ」

氣（エナジー）を使えるようになって自分の生命エネルギーも運気もアップ！身体、心、人生を自分で整えるための基礎講座。霊障を防ぐためにも、邪気を排出し、自分のエナジーを高め、整えることは必須事項です！この本に掲載している内容をトレーニングする本格的な３回連続講座です（途中参加不可）。

参加費：60,000円（税込・全３回分）

2021年11月14日（日）、12月19日（日）、2022年1月23日（日） 14：00～17：00

会場：ヒカルランドパーク セミナールーム

〒162-0821 東京都新宿区津久戸町3-11 飯田橋 TH1ビル7F

お申し込みは➡
こちらから

「エナジーヒーリング実践講座 初級Ⅱ」

すでに初級Ⅰを受講された方のみお申し込み可能です。Ⅰの手法に応用を加え、より効率よくエナジーを取り込み、整えていくことができるようになります。

参加費：120,000円（税込・全４回分）

2021年10月24日（日）、11月14日（日）、12月19日（日）、2022年1月23日（日）

10：00～13：00

会場：ヒカルランドパーク セミナールーム

〒162-0821 東京都新宿区津久戸町3-11 飯田橋 TH1ビル7F

※中級以上に進級希望の場合には簡単な試験あり。詳細は初級Ⅱ修了時にお伝えします。

お問合せ・お申し込み：神楽坂ヒカルランドみらくる
（会場とお申し込み先が別ですのでご注意ください）

本当に、たった3日間で誰でもできる!?
「根源神エナジーヒーリング」著者の
岡部公則先生、直伝！
エナジーヒーリング体験会&実践講座
初級Ⅰ・Ⅱ

講師：岡部公則

小学生のお子さんから90代の方まで、今まで学んでできなかった人はひとりもいなかったというエナジーヒーリング。誰にでも氣（エナジー）は簡単に使えます。なぜなら、生きている限り、生命エネルギー（エナジー）は、誰にでも流れているからです！

「すごい人だけが使える」と思ってしまいがちな氣のチカラが自分にも使えるということを、まずは体験してください。自分の体のエナジー、身につけているモノのエナジー、環境のエナジーを整え、自分と家族の心と身体の健康を自分で守り、運気も高めることができます。そして、身体の不調の多くに影響している霊障についても学び、自分のできる範囲で悪い影響を防ぐことができます。自分で自分の身を守るためのエナジーヒーリング、これからの時代に必須のスキルです。

受講すると、こんなことができるようになります！

◎邪気を浄化できるようになる。
◎エナジーを取り込み、自分自身のエナジーを高めることができるようになる。
◎モノや場所のクリアリング（浄化）ができるようになる。
◎嫌なこと、嫌な人の影響を受けにくくなる。
◎自分の意図通りの生き生きした人生が創れるようになる。

☆セッションスケジュール☆

料金：14,000円／回（税込・事前振込）
施術時間：20分／回

特別特典：岡部先生スペシャルパワーチャージ付き
（パワーチャージしたいもの（お財布やアクセサリーなど）があればお持ちください。）

※一度、対面セッションをお受けいただいた方は、遠隔施術のお申し込みも可能です。集中的な施術が必要な方はぜひご利用ください。

日にち	時間枠（各枠20分）
2021年10月25日（月）	11：10～／11：30～／11：50～ 12：10～／12：30～／12：50～ 13：10～／13：30～ 14：30～／14：50～ 15：10～／15：30～／15：50～ 16：10～／16：30～／16：50～ 17：10～／17：30～
10月27日（水）	
11月15日（月）	
11月17日（水）	
12月20日（月）	
12月22日（水）	
2022年１月24日（月）	
１月26日（水）	

会場＆お申し込み先：神楽坂ヒカルランドみらくる

神楽坂ヒカルランド みらくる Shopping & Healing
〒162-0805 東京都新宿区矢来町111番地
地下鉄東西線神楽坂駅２番出口より徒歩２分
TEL：03-5579-8948 メール：info@hikarulandmarket.com
営業時間11：00～18：00（１時間の施術は最終受付17：00、２時間の施術は最終受付16：00。イベント開催時など、営業時間が変更になる場合があります。）
※ Healing メニューは予約制。事前のお申込みが必要となります。
ホームページ：http://kagurazakamiracle.com/

身体も心も運命も
変わる！

岡部公則先生エナジーヒーリング施術セッション

in 神楽坂ヒカルランドみらくる

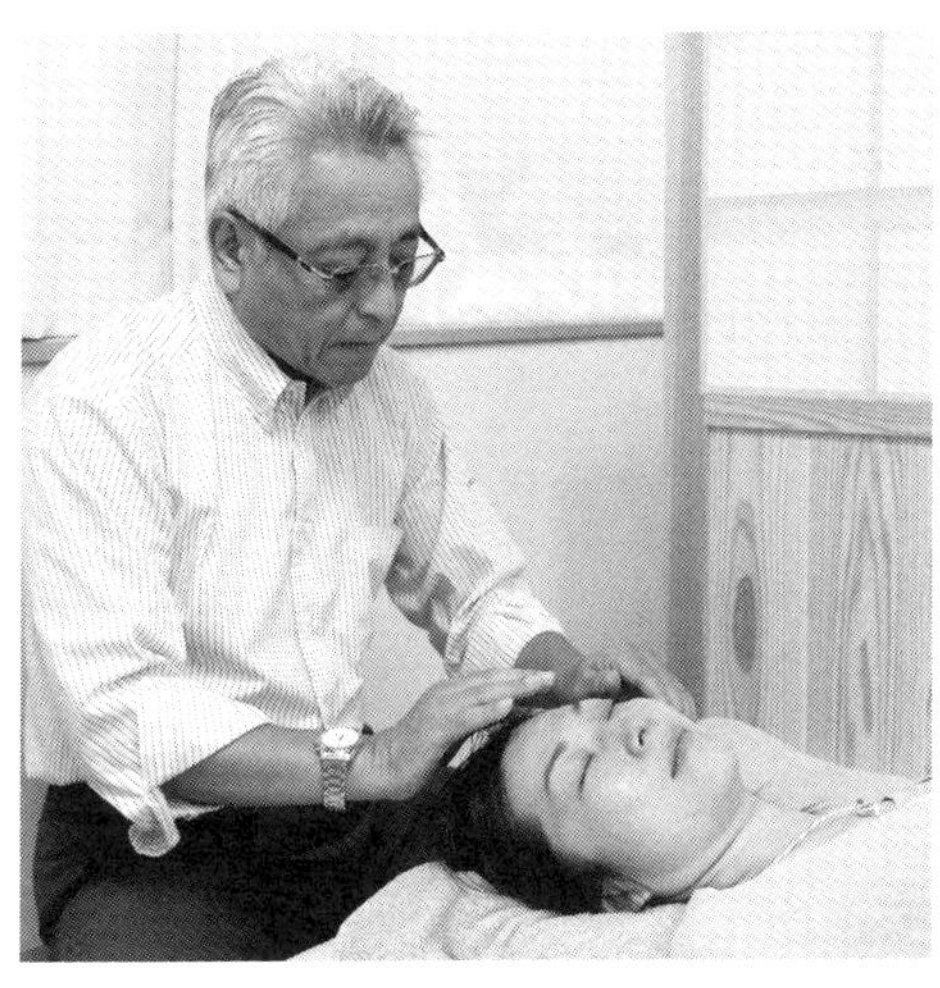

神楽坂
ヒカルランド

Shopping
&
Healing

氣（エナジー）・カイロプラクティック・アプライドキネシオロジー（応用運動機能学）・霊的障害の浄化などのメソッドを融合した独自の施術が話題を呼び、瞬く間に予約の取れなくなった岡部先生の施術院。ホームページも広告も出していないので、通常は紹介がないと受けられないプレミアムなセッションが、特別に神楽坂ヒカルランドみらくるで受けられます！

岡部先生が開院からこれまで受けてこられたご相談は約10万件、**身体やこころの不調、人間関係、結婚、妊活、ご家族やお子さまのこと、お金、ビジネス、ご先祖さまの供養**まで多岐にわたりますが、施術を受けた方々から驚きと喜びの声がたえません（詳しくは本の中の体験談をご覧ください）。

岡部先生の施術が誰でも申し込めるのは全国でも神楽坂ヒカルランドみらくるだけ。心でも身体でも、あきらめかけていたお悩みがある方はぜひお越しください！

地上の星☆ヒカルランド　銀河より届く愛と叡智の宅配便

３日間で誰でもできる！
根源神エナジーヒーリングレッスンDVD
著者：岡部公則
DVD　本体 3,333円+税　収録時間：約100分

大人気書籍『３日間で誰でもできる！　根源神エナジーヒーリング』がついにDVD化！　全人類の標準装備「エナジー」の力を引き出す珠玉のレッスン。◎からだの痛み取り、◎ストレスの解消、◎食べものへのエナジーチャージ、◎お財布・スマホの浄化… etc.　90分の簡単な訓練で、あなたも今日からエナジーの使い手になれる！

★特典①無料の遠隔エナジーヒーリング付き（エナジーの達人・岡部公則先生が、毎日施術院から DVD にエナジーを送ってくれるので、身の回りに置いておくだけでパワーアイテムになります！）
★特典②初版限定！「根源神エナジーアップからだハピハピシール」入り（岡部公則先生監修の大好評のヒカルランドパークオリジナルグッズ！　身体の気が滞っている部分に貼っていただくとエナジーのめぐりをよくしてくれます。）

ヒカルランド YouTubeチャンネル

YouTube

ヒカルランドでは YouTube を通じて、新刊書籍のご紹介を中心に、セミナーや一押しグッズの情報など、たくさんの動画を日々公開しております。著者ご本人が登場する回もありますので、ヒカルランドのセミナーになかなか足を運べない方には、素顔が覗ける貴重なチャンスです！ ぜひチャンネル登録して、パソコンやスマホでヒカルランドから発信する耳よりな情報をいち早くチェックしてくださいね♪

新刊情報

グッズ情報

著者からメッセージも!

ヒカルランド YouTube チャンネルはコチラ！

https://www.youtube.com/user/kshcoidhasohf/featured

「許し～人を責めない、自分を責めない～」

「許し」は霊性の扉を開く魔法です。人を責め、自分を責めている間は、心は苦しみの中にあります。「許し」の心を得た瞬間、心は高次へと向かいます。

「愛～Love～」

無限の愛の光は、いつもいつも私たちに降り注いでいます。輝く宇宙の光が降り注ぎ、「私」を通して周りに広がっていく幸福感を味わいます。

「自己実現～Self-realization～」

地上に生まれると心がうずき始めます。「生まれる前に願った理想を実現したい」と。あなたの人生の目的と使命を果たすために。

「ハイヤー・セルフ～Higher Self～」

高次元の視点から自分の人生を見渡すことができるようになっていきます。それこそが、人生を成功と希望に導く深い智慧となるのです。

「波動浄化～Clean up Vibration～」

あなたの波動を高め、悪い流れを断ち切り、あなた本来の輝き、素晴らしさを各エネルギーレベルで呼び覚ましていきます。

＊ご案内の価格、その他情報は発行日時点のものとなります。

本といっしょに楽しむ ハピハピ♥ Goods&Life ヒカルランド

「聞き流す」だけで潜在意識の自己イメージを書き換えていく
サブリミナルCD無限シリーズ

「夢の実現を阻んでいるのは、自分自身」——。一般的なサブリミナル・テープが日本に上陸した30年以上前から、テープの原稿作成をしていたひらやまれいこさんはそう語ります。私たちに大きな影響力を持ち、自己イメージを決定づけている潜在意識。努力しても、潜在意識にネガティブな情報が刷り込まれていたら、そのマインドブロックによって願いの実現は妨げられてしまうのです。サブリミナルCDは「ながら聞き」で構いません。心地よい音楽の中に潜ませてある肯定的なメッセージを潜在意識に届けて、自分にとって本来の“幸せの形”に気づき、実現していけます。

ひらやまれいこさん

サブリミナルCD
無限シリーズ
■各5,500円（税込）

「トラウマ～心の傷を癒す～」
心の傷があなたの人生に影を落とします。幼い頃の天真爛漫な輝く心を取り戻し、明るく豊かな人生を謳歌するために。サブリミナルCD初心者におすすめです。

「感謝～サンクス～」
「富」も「成功」も「健康」も、すべては「感謝」から始まります。「感謝」は明るく幸福な未来を開く魔法の扉です。

「富～Wealth～」
「夢の実現を阻んでいるのは自分自身」といいます。マインドブロックを外し、受け取る準備が整えば、富はあなたの元に流れ込んできます。

「引き寄せ力～Attract 1 モノ、お金編～」
あなた自身が宇宙のエネルギーの中心となって、素晴らしい未来を引き寄せるためのCD。引き寄せパワーを高めるので他のCDとの相乗効果が期待できます。

「痩身～スリム・ダイエット～」
「太った、太った」と嘆いているとみるみる太っていく。そんな経験はありませんか？　潜在意識に自分の理想をちゃんと教えてあげることが大切です。

自然の中にいるような心地よさと開放感が
あなたにキセキを起こします

神楽坂ヒカルランドみらくるの1階は、自然の生命活性エネルギーと肉体との交流を目的に創られた、奇跡の杉の空間です。私たちの生活の周りには多くの木材が使われていますが、そのどれもが高温乾燥・薬剤塗布により微生物がいなくなった、本来もっているはずの薬効を封じられているものばかりです。神楽坂ヒカルランドみらくるの床、壁などの内装に使用しているのは、すべて45℃のほどよい環境でやさしくじっくり乾燥させた日本の杉材。しかもこの乾燥室さえも木材で作られた特別なものです。水分だけがなくなった杉材の中では、微生物や酵素が生きています。さらに、室内の冷暖房には従来のエアコンとはまったく異なるコンセプトで作られた特製の光冷暖房機を採用しています。この光冷暖は部屋全体に施された漆喰との共鳴反応によって、自然そのもののような心地よさを再現。森林浴をしているような開放感に包まれます。

みらくるな変化を起こす施術やイベントが
自由なあなたへと解放します

ヒカルランドで出版された著者の先生方やご縁のあった先生方のセッションが受けられる、お話が聞けるイベントを不定期開催しています。カラダとココロ、そして魂と向き合い、解放される、かけがえのない時間です。詳細はホームページ、またはメールマガジン、SNSなどでお知らせします。

神楽坂ヒカルランド
《みらくる Shopping & Healing》
大好評営業中!!

宇宙の愛をカタチにする出版社　ヒカルランドがプロデュースしたヒーリングサロン、神楽坂ヒカルランドみらくるは、宇宙の愛と癒しをカタチにしていくヒーリング☆エンターテインメントの殿堂を目指しています。カラダやココロ、魂が喜ぶ波動ヒーリングの逸品機器が、あなたの毎日をハピハピに！ AWG、メタトロン、音響チェア、ブルーライト、ブレインパワートレーナーなどなど……これほどそろっている場所は他にないかもしれません。まさに世界にここだけ、宇宙にここだけの場所。ソマチッドも観察でき、カラダの中の宇宙を体感できます！　専門のスタッフがあなたの好奇心に応え、ぴったりのセラピーをご案内します。セラピーをご希望の方は、ホームページからのご予約のほか、メールで info@hikarulandmarket.com、またはお電話で03-5579-8948へ、ご希望の施術内容、日時、お名前、お電話番号をお知らせくださいませ。あなたにキセキが起こる場所☆神楽坂ヒカルランドみらくるで、みなさまをお待ちしております！

みらくる出帆社ヒカルランドが
心を込めて贈るコーヒーのお店

絶賛焙煎中！

コーヒーウェーブの究極の GOAL
神楽坂とっておきのイベントコーヒーのお店
世界最高峰の優良生豆が勢ぞろい

今あなたがこの場で豆を選び
自分で焙煎(ばいせん)して自分で挽(ひ)いて自分で淹(い)れる

もうこれ以上はない最高の旨さと楽しさ！

あなたは今ここから
最高の珈琲 ENJOY マイスターになります！

《予約はこちら！》

◉イッテル珈琲
http://www.itterucoffee.com/
（ご予約フォームへのリンクあり）

◉お電話でのご予約　03-5225-2671

イッテル珈琲
〒162-0825　東京都新宿区神楽坂 3-6-22　THE ROOM 4 F

ものや手を置いてエナジーの出し入れをしてみよう！　詳しい使い方は P.160 を見てね。

DOWN シート

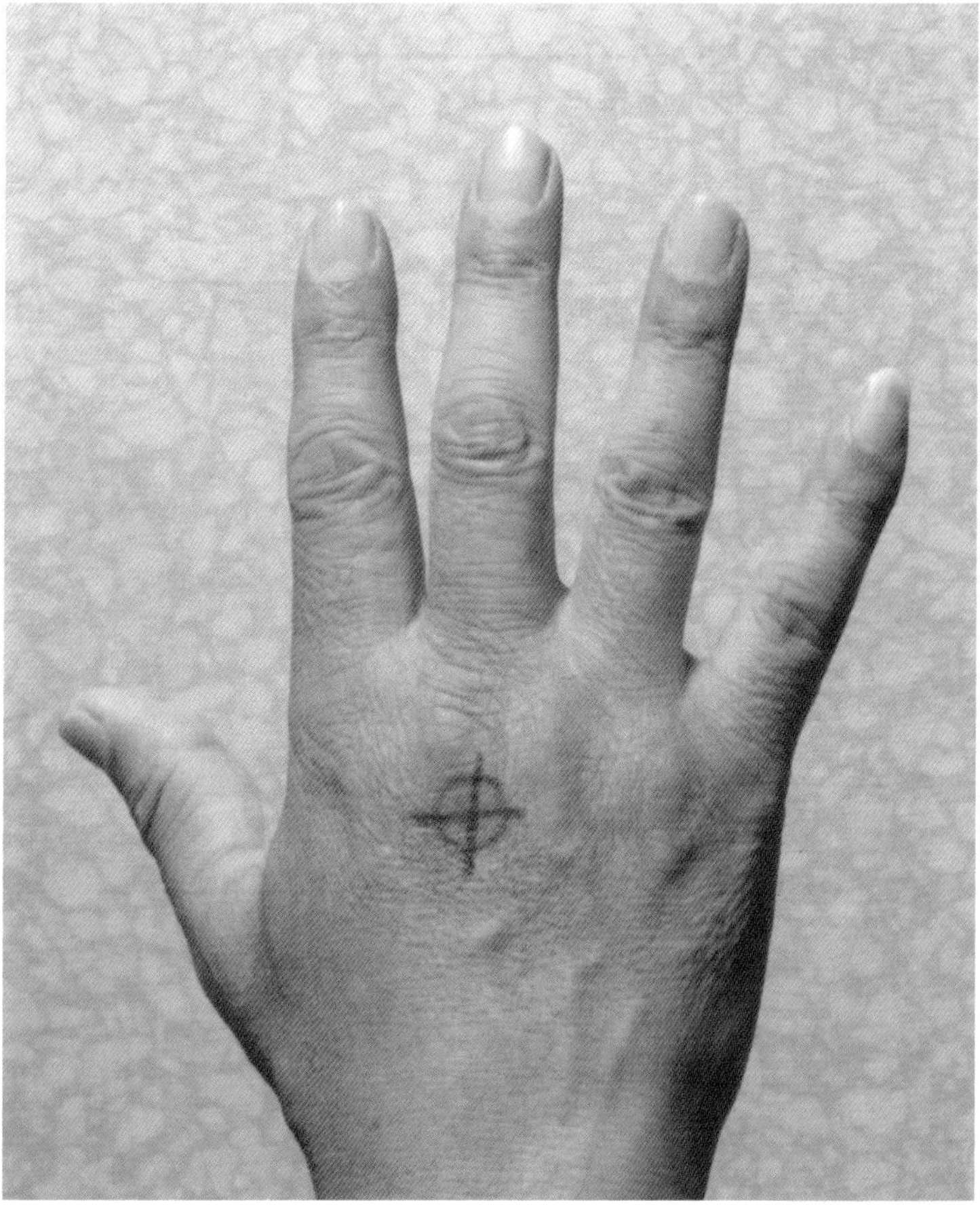

エナジー DOWN ⬇

エナジーUP &

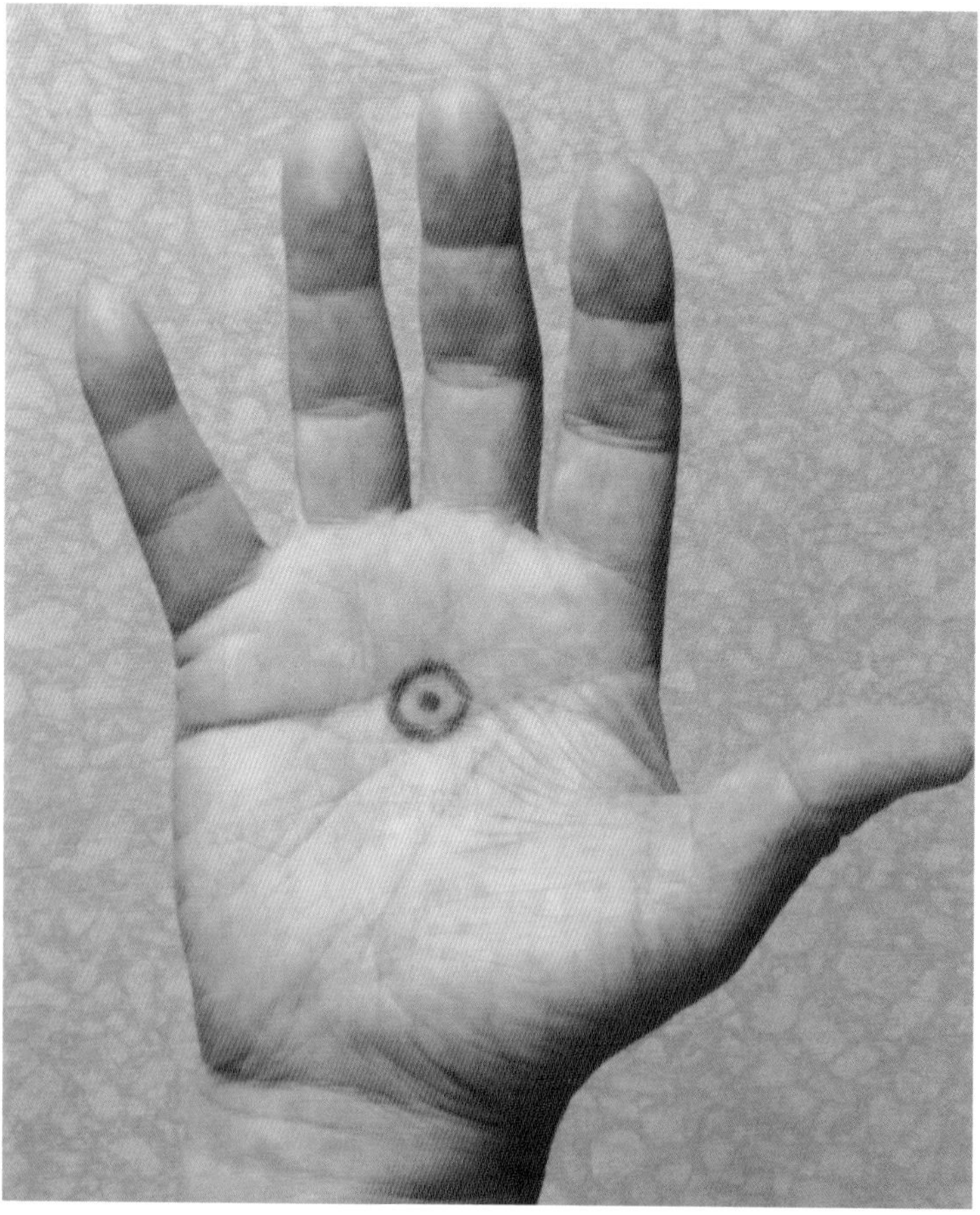

エナジーUP ↑